新时代高等职业教育课证融合新形态一体化教材

阅读与写作

（第四册）

主　编　李春生　吴亚亚

西北工业大学出版社

西安

【内容简介】《阅读与写作》旨在培养学生的阅读欣赏和写作表达能力,共分为四册,本书为第四册。本书分为说明文和应用文上、下两篇。上篇包括说明文概述、中国古代说明文赏析、中国近现代说明文赏析、外国近现代说明文赏析四章,下篇包括应用文概述、应用文写作范例两章。本书内容博采众长,既具有文学性,又具有科学性和实用性,以促进读者阅读和写作能力的提高,并提升其语言素养。

本书可作为高等院校阅读与写作相关课程的教材。

图书在版编目(CIP)数据

阅读与写作. 第四册 / 李春生,吴亚亚主编. — 西安:西北工业大学出版社,2020.12
 ISBN 978-7-5612-7462-0

Ⅰ. ①阅… Ⅱ. ①李… ②吴… Ⅲ. ①汉语-阅读教学-高等职业教育-教材 ②汉语-写作-高等职业教育-教材 Ⅳ. ①H193.7 ②H193.6

中国版本图书馆 CIP 数据核字(2020)第 239109 号

YUEDU YU XIEZUO DI - SI CE
阅 读 与 写 作(第四册)

责任编辑:隋秀娟 李 欣	策划编辑:孙显章
责任校对:李文乾 呼延天慧	装帧设计:李 飞

出版发行:西北工业大学出版社
通信地址:西安市友谊西路 127 号　　邮编:710072
电　　话:(029)88491757,88493844
网　　址:www.nwpup.com
印 刷 者:兴平市博闻印务有限公司
开　　本:787 mm×1 092 mm　　1/16
印　　张:10.5
字　　数:255 千字
版　　次:2020 年 12 月第 1 版　　2020 年 12 月第 1 次印刷
定　　价:39.00 元

如有印装问题请与出版社联系调换

前　言

　　面对新时期国家对职业教育发展提出的新要求,为更好地适应高等职业教育的特点和实际需求,强化学生职业能力的培养,编者在对企业和学生的需求进行广泛调查研究的基础上,结合多年高职教学实践,广泛吸取当代学科研究和教学实践的新成果,编写了适合高等职业教育及其他应用型人才教育培养的《阅读与写作》教材。

　　《阅读与写作》旨在培养学生的阅读欣赏与写作表达能力。阅读可以让学生与整个人类建立起息息相通的生动联系,领略人类所思的广阔与丰盈,获得人生的经验与智慧;写作可以使学生准确地运用语言文字表达所思所想,与他人进行文字的沟通与交流。阅读与写作是每个现代人都应具备的能力。让学生能读会写,是编写本教材的主要目的。

　　教材以文体分类作为编写原则,共分为四册。第一册为记叙文与小说,第二册为议论文与散文,第三册为诗歌与戏剧,第四册为应用文与说明文。

　　本教材的主要特色有以下几点。

　　一是重视阅读教学与写作教学的有机结合。"读"与"写"有着天然的联系,没有阅读就没有写作,阅读是写作的基础,文质兼美的文章本身就是很好的写作示范,而写作的素材往往又源于阅读中的间接感受,二者理应结合起来。《阅读与写作》的编写将阅读和写作的问题一并解决,可以达到较好的教学效果。学生是带着写作的目的去阅读的,而不再是毫无目的的泛泛领悟,这种阅读是一个思维过程,是动态的、积极主动的阅读,必然会提高阅读的质量,发现所读内容的妙处。一篇优秀的文章,会有很多值得我们去品味、推敲、模仿、借鉴的写作特点,可以说,一篇好的文章就是一个写作素材库。

　　二是重视阅读训练与写作训练的有机结合。"学"与"习"是学习的两个过程,充分有效的"习"的训练,有利于巩固所学知识,提升学习能力。对于所学内容,本教材设计了一定量的"思考练习"。每个"思考练习"都对学生所阅读的文章或所学知识点进行了深入的挖掘,希望通过联系和实践,提高学生的欣赏水平,并且在阅读训练的基础上引入一个写作的话题,让学生进行写作练习。这种形式将阅读与写作紧密结合起来,让学生在阅读的基础上借鉴或模仿,从而学会表达自己的所思所想,进而真正达到"以读促写,以写促读"的效果。

本书为《阅读与写作》的第四册,由李春生(驻马店幼儿师范高等专科学校)、吴亚亚(商洛职业技术学院)担任主编,王蕾(商洛职业技术学院)担任副主编。具体编写分工如下:李春生编写第一章至第三章;吴亚亚编写第四章以及第六章的第十节至第二十节;王蕾编写第五章以及第六章的第一节至第九节。

在编写过程中,曾参阅了相关文献、资料,在此,谨对相关文献的作者深表谢意。

由于水平有限,书中难免存在不足,恳请读者提出宝贵的意见,在此表示衷心感谢。

编　者

2020年9月

上篇 说明文

第一章 说明文概述	3
第一节 说明文的性质和特点	3
第二节 说明文的中心、材料和结构	5
第三节 说明文的语言特点和说明方法	7
第二章 中国古代说明文赏析	12
茶经(节选)	12
核工记	14
荆楚岁时记(节选)	17
荔枝图序	20
核舟记(节选)	21
齐民要术(节选)	24
雁荡山	26
三峡	29
第三章 中国近现代说明文赏析	32
中国石拱桥	32
南州六月荔枝丹	34
关于早期教育的几个问题	36
中国的人口	40
打开知识宝库的钥匙——书目	44
苏州园林	47
大自然的语言	49

景泰蓝的制作	51
牛郎织女	54
人脑与电脑	58

第四章 外国近现代说明文赏析 63

松鼠	63
昆虫记(节选)	64
被压扁的沙子	67
大雁归来	69

下篇 应用文

第五章 应用文概述 75
- 第一节 应用文的性质和特点 75
- 第二节 应用文的要素和类型 76
- 第三节 应用文的格式和专用语言 77

第六章 应用文写作范例 79
- 第一节 社交书信 79
- 第二节 新闻 83
- 第三节 演讲词 87
- 第四节 合同 91
- 第五节 诉讼文书 96
- 第六节 计划 100
- 第七节 总结 104
- 第八节 调查报告 112
- 第九节 规章制度 120
- 第十节 述职报告 125
- 第十一节 决定 130
- 第十二节 请示 132
- 第十三节 报告 136
- 第十四节 通知 138
- 第十五节 会议纪要 141
- 第十六节 海报 143

第十七节　倡议书 …………………………………………………… 145
第十八节　产品说明书 ……………………………………………… 148
第十九节　个人简历 ………………………………………………… 151
第二十节　论文 ……………………………………………………… 154

参考文献 …………………………………………………………… 160

上篇 说明文

第一章 说明文概述

第一节 说明文的性质和特点

一、说明文的性质

说明文是以说明为主要表达方式,旨在介绍事物、解释事理的一种文体。凡是介绍事物的构造、类别、成因、性质、做法、关系、功用,解释事理的含义、特点、演变过程等方面的文章,一般就是说明文。例如,《南州六月荔枝丹》一文对荔枝的表面构造、色泽、形状、大小、重量、内部构成、产地及栽培史等做了详细的介绍,使读者获得较全面的有关荔枝的知识。

说明文基本上可分为两类:一类是对实体事物的说明,如荔枝、桥梁、景泰蓝、长城等;另一类是对抽象事理的说明,如补偿贸易、现代自然科学中的基础学科等。同时,也有既介绍实体事物又解释抽象事理的说明文。例如,《没有不能造的桥》一文,全篇说的是实体事物——桥,但其中讲到的桥梁的荷载、建桥材料的抗压应力等,是比较抽象的事理。在比较复杂的说明文里,常常会遇到类似情况。

说明文的主要表达方式是说明。因此,说明文不像记叙文那样重在记叙、描写和抒情,以形象感人、以情动人;也不像议论文那样重在议论,阐明主张和观点,以理服人。它是以说明为主要表现手段,以传播各种各样的知识为主要目的的文体。

二、说明文的特点和作用

(一)说明文的特点

第一,说明性。以说明为主要表达方法,是说明文的一个显著特点。什么是说明呢?说明,就是用准确、平实、概括、简洁的语言介绍事物、阐明事理的表达方法。例如,在《没有不能造的桥》一文中有这样一段说明:"从走车、行人的观点看,桥就是一种路。不过这种路不是躺在地上,而是跨过一条河道或是横越一个山谷的。因此,桥是从地上架起来的一条空中的路。"这里把桥的性质说得很明白。《大豆》是一篇事物性说明文,用平实简洁的语言介绍了大豆的种类、生态、种植情况、营养价值和用途,说明了大豆对发展国民经济具有重要意义。文章篇幅不长,却使读者对大豆有了全面清楚的认识。

说明文具有说明性这一特点,是就文章的整体而言的,并不是说在说明文中就不能使用其他表达方式。有时为了增强说明事物或事理的具体性、可感性和生动性,加深读者对说明事物的理解,也间或运用叙述、描写和议论的表达方式。其他文体有时也使用说明的表达方式,在记叙文和议论文中往往也有"说明"的成分,但就文章的整体而言,记叙文的主要表达方式是叙述和描写,议论文的主要表达方式是议论。说明文虽然也有叙述、描写和议论,但总的说来,它的主要表达方式还是以"说明"为主。

第二,知识性。说明文是一种以介绍科学知识为主的文体。说明文有知识性,这是它区别于其他文体的重要标志。它的主要目的是向读者传授各种知识,扩大读者的知识面。例如,介绍一种新产品,可以使读者了解这种产品的规格、性能和使用方法;介绍一座建筑物,可以使读者了解这座建筑物的造型、结构和用途;解释一个概念,可以使读者理解这个概念的含义和特点。例如,《奇妙的电子计算机》一文,作者运用人们熟悉的材料,全面、浅显地介绍了有关电子计算机的科学知识,使读者对计算机有了初步的了解和认识。从文章内容看,记叙文、议论文等文体也能让人增长知识,但相比较而言,都不如说明文那样直接、集中、全面、具体。说明文既然是传播知识的,就必须讲究科学性。介绍科学知识,一要真实,二要准确。无论是介绍事物的性状、功用、成因,还是说明事物的规律,都必须实事求是,尊重科学,符合事物的本来面目。

第三,客观性。客观性是说明文的又一个特点。所谓客观性,是指作者在写作中要抛开主观倾向,对事物或事理做出客观的、如实的说明和解释。从这点来说,它跟记叙文不同,记叙文对所写的人或事,可以进行必要的艺术加工,而且往往带有作者的感情色彩。说明文跟议论文也不同,议论文的作者一定要在文章中阐明自己的观点和态度。而说明文说明事物,一般不表示作者的意见和主张,事物本来什么样,就要做什么样的说明。

(二)说明文的作用

说明文是一种实用性很强的文体。从古至今,它的用途非常广泛。我国古代的许多科学著作,如东汉的《神农本草经》《说文解字》,北魏的《水经注》《齐民要术》,宋朝的《梦溪笔谈》,元朝的《农书》,明朝的《天工开物》《本草纲目》,清朝的《数理精蕴》等,都是典型的说明文集合。这些著作,记载了当时自然科学和社会科学研究的成果,总结、汇集了丰富的农事百工生产的经验,曾促进了当时社会的发展,它们作为宝贵的文化遗产,至今仍值得我们学习和借鉴。此外,我国古代不同时期的不同人员撰写的法律条文、编纂的典章礼制、修著的筹算历法等,其中不乏极好的说明文。

随着社会的进步以及科学技术的发展,说明文的应用范围越来越广泛。它对于人们学习科学文化知识、提高科学文化水平、传播知识信息、促进人类的文明和进步都有着极为重要的作用。如今,说明文已经越来越受人们的重视。从社会科学到自然科学,从宏观世界到微观世界,从人类起源到未来世界……凡是需要介绍、解释的,往往要用到说明文。诸如产品设计、使用和维修,各种工程的规划,技术资料的介绍,生产经验的推广,科普读物,数理化教科书,等等。在日常工作、学习和生活中,人们几乎时时处处都要接触说明文。

说明文记录人类宝贵的科学文化知识,为科学研究提供历史资料。学习和写作说明文,还可以培养我们科学地观察事物、缜密地分析理解事理、准确地运用语言文字的能力。我们要掌握说明文的知识,学习说明文的写作,争取为后人留下有价值的资料,促进我国科学文化事业的不断发展。

第二节　说明文的中心、材料和结构

一、说明文的中心

说明文同其他文体一样,都应有一个明确的中心。所谓中心,指文章所要说明的主要问题,或指文章内容体现出的基本观点。说明文的中心要求正确、明确。正确,即要科学地、恰当地反映客观事物的现状及其发展规律,思想健康,有积极意义,能使读者增长知识,开阔眼界,受到启发和教育。明确,即清楚明了,不含糊。写说明文时,中心明确、正确,就能从容不迫,驾驭全局;否则,就会手忙脚乱,达不到预期的目的。那么,如何确立说明文的中心呢?

(一)要考虑读者的需要

以读者的需要为出发点,是说明文的客观性所决定的。对于某一客观事物,有的侧重于说明这个方面,有的侧重于介绍那个方面,这是客观的要求。比如,以电冰箱为对象的说明文,如果是为消费者写的,需要着重介绍它的使用和保养方法;如果是写给生产人员看的,需要重点介绍它的制造过程和最新的生产技术;如果是写给一般读者看的,需要说明电冰箱的产生、发展、种类以及对未来电冰箱的展望等。再如,介绍计算机的说明文,作为科普读物,则介绍其一般常识;作为专业资料,则介绍其基本原理;若研究其发展方向,则介绍相关最新成果。在明确说明文为谁写、给谁看后,写作的目的就清楚了,中心也就明确地确立了。

(二)要抓住客观事物的特征

客观事物千差万别,任何事物都有其特征。这种特征就是某一事物区别于其他事物的标志。只有把事物的特征说明白,才能清楚地表达中心意思,使读者得到具体而清晰的知识,从而切实地了解某一事物。例如,《我国古代的几种建筑》一文中,作者在介绍说明时,抓住了每种建筑物的特征,即把此种建筑物有别于另几种建筑物的地方加以重点说明。当介绍到容易混淆的"厅"与"堂"时,以及难以区分的"亭""榭""轩"时,作者或刻意揭示性质,或着重说明用途,或留心区别构筑形态,使这些建筑物带着各自不同的特征展现在读者的眼前。《景泰蓝的制作》一文中,作者介绍了景泰蓝从开始"制胎",经过"掐丝""烧焊煮洗""点蓝烧蓝""打磨"直至"镀金"的全部制作过程,说明了景泰蓝的制作几乎全部是手工,而且指出其工艺非常精细的特征。

二、说明文的材料

说明文的材料是指文中那些关于事物的状态、性质、特点、成因、功用等的说明。材料是形成中心的基础;中心要靠材料来说明。材料充足是写好文章的先决条件,选的材料是否得当则是能否写好文章的关键。那么,中心确定之后,应当怎样选择材料呢?

(一)选择能够说明中心的材料

中心确定之后,必须有目的地选择能够表达中心的材料。这是一切文章选材的要求,也是说明文选材的要求。例如,《书籍的变迁》一文中,为了说明书籍是随着人类社会与科学技术的不断发展而变迁这个中心,作者选择的材料从远古开始直到现代,选择了甲骨文、竹简、木牍、纸张、显微缩印胶卷等材料,同时还加上很多确切的数据,直观地介绍了书籍的变迁过程,确切地说明了书籍随着人类社会和科学技术的不断发展而变迁的情况。文章中心突出,给人以清楚、实在、明确的认识。

(二)选择真实、准确的材料

所谓真实的材料,是指符合客观事物实际,能反映事物本质特征的材料。例如,《中国的人口》一文详细介绍了我国两种不同的人口观以及西汉以来人口数量变化的状况,具体说明了我国近代人口猛增的原因、控制人口增长的措施和成效,展示了今后几十年我国人口发展的趋势。为了说明这一中心思想,文章列举了大量的史实,引用了翔实的资料,这些都是真实可信的。人口增长过快,数量过大,是我国人口问题最突出的现状。文章运用一系列统计数字和图表,配合文字加以说明,既真实、准确,又简明、直观,使读者清晰地了解我国严峻的人口形势。

所谓准确的材料,是指材料内容不仅是真实存在的,而且是很有分寸的。例如,《奇妙的电子计算机》一文中,作者一方面介绍了电子计算机的众多"奇妙"功用,即大大减轻了人们的脑力劳动,为现代化的生产、生活开拓了新天地;另一方面又说明电子计算机终归是人制造的,是按照人的意志进行运算的,强调掌握者的作用。文章写得恰如其分,使读者对电子计算机有一个全面、正确的认识。

(三)选择具体、生动的材料

材料具体,事物、事理才会说得明白,知识才会解释得准确,内容才会反映得完整。材料生动,能引起读者的阅读和研究的兴趣,增强说明效果。例如,《奇妙的电子计算机》一文中,作者在介绍电子计算机怎样工作时,就用了相当具体、生动的材料来说明。如作者写道"在电子计算机里,有一个'计算器',它好比算盘,是进行运算的工具;有一个'存储器',它好比纸和笔,用来存储各种数据;有一个'控制器',控制各个部分进行工作。另外,还有输入数据用的'输入设备',它好比电子计算机的眼睛,'输出设备'则好比电子计算机的嘴巴,能把计算结果告诉人们"。该文把电子计算机的每个部件都介绍得十分具体、生动。

三、说明文的结构

文章的结构是指文章的内部组织构造,就是通常所说的"布局谋篇"。说明文也是如此,其结构主要是从表达中心的需要和材料的特点出发,考虑如何合理地安排材料。说明文的结构形式是多种多样的,常见的结构方法有以下几种。

(一)按时间顺序安排结构

按时间顺序安排结构,就是按事物发生、发展的先后顺序安排组织材料。自然现象的演变过程、动植物的生长过程、物理化学的实验过程、产品的生产过程、某些事物的历史沿革等,都可以按照时间的先后顺序来写。先发生的先写,后发生的后写,说明顺序与事物发生、发展的客观过程相一致。例如,《书籍的变迁》一文为了说明书籍是随着社会的进步和科学技术的不断发展而变迁的,作者按时间先后顺序展开说明,符合书籍变迁过程的特点。这样写,条理清楚,脉络分明,便于读者了解书籍的演变过程。

(二)按空间顺序安排结构

凡实体事物都占有一定的空间位置,或内或外,或高或低。按空间顺序安排结构,就是依照事物的方位布局组织安排材料,适用于说明各种建筑物,如楼堂馆所、寺庙塔亭等。例如,《我国古代的几种建筑》一文中,七种建筑物各有各的方位角度,或是从前后、左右写到中央,或是从远观写到近看,或是从上写到下,或是由外写至内。虽采用空间式结构,却没有按整齐划一的四面方位来写,因而显得灵活多变。又如,《南州六月荔枝丹》一文,作者也是依据人们观察事物由表及里的认识顺序,将荔枝从外壳写到内核。对具体事物而言,这"表"和"里"也是一种空间顺序。

(三)按事物的内部联系安排结构

一般说明抽象事理或复杂的实体事物,常常按内部逻辑联系安排组织材料。这种事物、事理的内部逻辑联系,往往表现为中心和材料的联系,材料和材料之间的联系。运用这种结构方式,有一定的难度,在安排说明顺序时,一定要紧紧围绕一个中心,把具有内部联系的材料串联起来,使读者的思路能跟上文章的脉络。例如,《现代自然科学中的基础学科》一文,作者根据中心要求,首先说明现代自然科学的特点和现代自然科学体系中的应用学科与基础学科的关系、基础学科与生产实践的关系;中间部分着重说明基础学科中物理和数学与另外四门学科的关系。材料之间的联系安排得井然有序,使抽象的"现代自然科学中的基础学科"这一事理给人以清晰的印象。

上述结构方法在具体运用中,并不是截然分开的,常常是以一种结构方法为主,综合运用其他结构方法,把复杂的事物和事理说明得更清楚、更透彻。由于所要说明的客观事物是复杂多变的,因此,与之相适应的结构形式也应是多种多样的,这就要求写作者灵活安排。但不论采用哪种结构方法,都必须尊重客观事物本身的条理性,如此,才能言简意赅地说明事物和事理。

第三节 说明文的语言特点和说明方法

一、说明文的语言特点

说明文重在把知识和道理客观地告诉读者,达到传播科学知识、交流思想的目的。因此,知识的科学性和表达形式的说明性,要求说明文的语言具有准确、简明和通俗等特点。

(一)准确

所谓准确,是语言恰如其分地反映客观事物的本来面目。具体来说,一是遣词造句要恰当,要合乎语法逻辑;二是对人名、地名、时间、数字、引语、背景材料的运用要符合实际,不能有误;三是要掌握和运用好必要的科学术语,不能说"外行话";四是在运用比喻、拟人、拟物、夸张等修辞方法说明事物时,一定要符合事物的特征,做到贴切准确。

例如,《景泰蓝的制作》一文介绍了我国著名的手工艺品景泰蓝的整个制作过程和工艺特点,文中"精细""细微""细致""细密"等同义词的运用,准确妥帖,表现出作者选词造句的精确度。《南州六月荔枝丹》一文中说:"古代讲荔枝的书,包括蔡襄在内,现在知道的共有十三种……"如果去掉修饰语"古代""现在知道的",就无准确性可言了。有一篇说明文写道"一只蜻蜓一昼夜可以吃2 400只蚊子",2 400只蚊子聚在一起,比蜻蜓的身体要大许多倍,这是不可能的。差错是怎样出现的呢?据统计,蜻蜓1小时可吃蚊子50只到100只,24小时最多吃2 400只。作者的乘法计算是正确的,但忽略了蜻蜓不可能在24小时内一直吃蚊子的事实。因此,像这样的说明,其语言是不准确的。

(二)简明

所谓简明,是语言简洁、明晰,用较少的话把丰富的内容表达出来,干净利落,毫不含糊。一是要善于概括,抓住事物的特征;二是切忌烦琐,要杜绝套话、空话,避免重复累赘。我们比较下面两段话。

自从有历史以来,人类就同沙漠斗争。从留传下来的传说和记事来看,人类总是失败的时候多,胜利的时候少;偶尔获得几个胜利,不久又前功尽弃。过去人类没有能够征服沙漠,若干地区反而为沙漠所吞并。

有史以来,人类就同沙漠不断地斗争。但是,从古代的传说和史书的记载看来,过去人类没有能征服沙漠,若干住人的地区反而为沙漠所吞并。

第二段同第一段相比,有增有删,总字数减少了,表达却更准确了。增加了"不断地",说明斗争的持续性;增加了"但是",表示意思有转折;增加了"住人的",显示沙漠肆虐,更符合实际。改动了几个词语,删掉了几句重复的话,句子显得更简洁明确。

简洁并不是不顾需要一味求简的"苟简",俗话说"凫胫虽短,续之则忧,鹤胫虽长,断之则悲"。如果不把应该详细说明的事物或事理说清楚,就会影响说明的效果,影响意思的准确表达。对一些专业性较强的知识,可多用举例、类比、画图、列表等方法去描述,帮助读者更好地理解。

(三)通俗

所谓通俗,是说明的语言要浅显、平实、易懂。例如,《古诗的种类》一文中关于五言诗和七言诗是这样介绍的:"五言就是五个字一句,七言就是七个字一句。五言古诗简称'五古',七言古诗简称'七古';五言律诗简称'五律',七言律诗简称'七律';五言绝句简称'五绝',七言绝句简称'七绝'。"文中没有一个难懂的字和词,语言浅显平实,晓畅易懂。

有些说明文涉及的科学技术等各种专业知识较多,经常要用到一些专有名词、术语,在这种情况下,尤其要注意写得通俗易懂。对必须要用的专业性名词术语,可做浅易解释或选用恰当的比喻。例如,《打开知识宝库的钥匙——书目》一文的语言通俗易懂。文章开头用了"汗牛充栋"的成语,有的读者不一定理解,就加以通俗的解释,给"书目""目录学""书目的书目"等专用概念下定义,不用艰深的术语,而用浅易的话语。

语言要通俗,还要注意根据不同的对象来选用词语。有时除比喻之外,还可以适当运用拟人、象征等修辞方法,既增强文章的生动性,也更便于读者理解。

二、说明方法

说明文说明事物或事理的方法是多种多样的,常见的说明方法有以下几种。

(一) 定义说明

定义也叫"界说",或称"下定义"。即用言简意明的文字,揭示说明事物的本质特征,或确定说明事物的范围、界限的一种说明方法。例如,在《没有不能造的桥》一文中,作者给"桥"下的定义:"桥是从地上架起来的一条空中的路。"在这句话中,"路"揭示了桥的本质属性,而"从地上架起来"则表明了桥的特征。又如,《现代自然科学中的基础学科》一文,在说明什么是生物学地球观时,作者下了这样的定义:"用生物的化石来断定地质年代,称为生物学地球观。"在说明什么是化学地球观时,作者说道:"研究地球上地壳和海洋的化学成分的变化,矿物元素的分布,借此来推论地球在地质年代中的演化,称为化学地球观。"由于作者抓住了事物的本质属性,通过下定义,给读者以清晰的概念。

(二)诠释说明

诠释是一种对事物性质、规律、特点进行解说阐释的说明方法。例如,《谏逐客书》中对"随和之宝"的解释:"指随侯珠、和氏璧。"随,此处同隋,西周春秋时的小国名。传说随侯用药敷治一条大蛇,后来这条蛇在夜间衔一大明珠来报答,因称"随侯珠"。和氏之璧,相传春秋时楚国人卞和,曾在山中得一块玉石,献给楚王,后琢成美玉,称之为"和氏璧"。

下定义和做诠释有相同点,也有不同点,二者不能混淆。定义说明能反映事物的本质属性,语言必须非常简洁;而诠释说明可以根据写作的需要突出事物某一方面的特征。另外,定义说明和诠释说明有时都会用"某某是什么"的句式来表达,但应注意,定义说明"是"字前后两项可以互相调换,而诠释说明则不能互换。例如"景泰蓝是多数人喜爱的手工艺品",这句中判断词的前后两项如果互换,就成了"多数人喜爱的手工艺品是景泰蓝"。而事实上人们喜爱的手工艺品远不止景泰蓝一种。因为不能互换,所以这句便是做诠释。

(三) 分类说明

依照一定的标准,也就是根据事物的性状、成因、特点、功用等属性的差别,将事物分成若干类,然后分门别类地加以说明,这叫作"分类说明"。分类方法包括"一次分类"和"多次分类"。"一次分类"是依据一个标准给事物分类。比如厅、堂、楼、阁、亭、榭、轩等七种建筑物,是按我国古代常见的宅第和园林建筑物的标准来划分的。"多次分类"就是对同一说明对象,从不同的角度,按不同的标准进行几次分类。例如,同是说明荔枝,按壳的颜色可分为深红色、紫色、淡红色和淡黄色的;按果实的外形可分为心脏形、卵圆形和圆形的;按花期又可分为双季荔枝与四季荔枝等。对事物进行多次分类时必须注意,每次划分只能根据一个标准,才能使概念清晰,条理分明。

(四)举例说明

为了把事物、事理说得明白、具体,常常列举一些具有代表性的事例加以说明,这种说明方法就叫作举例说明。一些难以理解的抽象事理和比较复杂的事物,通过举例可以将说明的事物变得形象、具体与浅显。

举例说明可分为列举举例和典型举例两种。前者适合说明比较简单的事物,举出的例子一般是为了说明事物所包括或适用的范围。《打开知识宝库的钥匙——书目》一文在给书目分类时,也使用举例说明,如说明馆藏书目时,列举了《北京图书馆善本书目》;说明专题文献书目时,列举了《红楼梦研究编目》《全国地方志综录》《物理学图书目录》等典型例子。在说明书目的用途和使用方法时,进行了典型举例。例如,如何到图书馆借阅小说;如何利用书目查找所需要的书;研究某一专题时,如何借助书目查找有关资料;等等。文中写得很具体、清楚。

(五)引用说明

引用是指摘引一些和说明对象有关的资料,使说明的内容更充实、更有依据,这种说明方法就叫作"引用说明"。引用的资料必须真实可信,并与说明对象有内在联系。《南州六月荔枝丹》一文引用了较多的古代诗文、文献资料和民间谚语,这些都是与荔枝有密切关系的,既丰富了说明内容,增强了文章的思想性和科学性,又提高了语言的表现力,使行文生动、活泼,富有文艺色彩。

(六)比较说明

比较说明就是将两种以上彼此有一定联系和相同点的事物作比较,以此来说明事物的性质和特点的一种说明方法,主要有以下两种。

第一,同类比较。将同类型的两种或多种事物加以比较,借以说明事物的方法。《奇妙的电子计算机》一文通过对不同时期的电子计算机的体积和运行速度的比较,使读者了解到电子计算机的发展情况。

第二,异类比较。将不同种类的两种或两种以上的事物加以比较,借以说明事物的方法。《景泰蓝的制作》一文,为了说明掐丝操作的难度和精细,就把掐丝工序与刺绣相比,又将掐丝工人与画家相比,起到了良好的效果。《眼睛与仿生学》一文将人眼与照相机进行比较,说明它们的相同点和不同点,使读者更具体地了解人眼的特点,这也是运用了异类比较的方法。

运用比较说明,能使被说明事物的特征鲜明突出,给人以深刻的印象。在实际写作中,不论运用何种比较方法,都要注意相互比较的事物必须有相似或相同之处,同时,这种比较方法又要是人们熟知的,容易理解的。

(七) 数字说明

数字说明是用具体数字从数量上说明事物的现象、本质和特征的说明方法。在《奇妙的电子计算机》一文中,为说明电子计算机运算之快,就运用了数字说明。《一次大型的泥石流》一文中,作者运用了较多的确数和约数,显示了文章数据的真实可信性。在说明文中,适当运用数据,能增强文章的真实性与科学性。但是,所举数字必须认真核实,做到准确无误。

(八) 图表说明

图表说明是以表格、插图、照片等来说明事物的一种说明方法。一般来说,如果被说明的事物、现象比较复杂,或者需要说明的数字很多,或者需要用一些数字来进行比较,就可以列表或插入图片加以说明。例如,《中国的人口》中的图表等。运用图表说明的方法能使要说明的内容更加清楚明了,且节省笔墨。

以上对常见的说明方法做了简要的介绍。此外,还有描述说明、比喻说明、分解说明、分析说明等。需要注意的是,说明方法在实际运用中,往往是综合起来使用的,很少单独使用一种说明方法。

第二章 中国古代说明文赏析

茶经(节选)

陆 羽

《茶经》分三卷十节,约 7 000 字。卷上:一之源,讲茶的起源、形状、功用、名称、品质;二之具,谈采茶制茶的用具,如采茶篮、蒸茶灶、焙茶棚等;三之造,论述茶的种类和采制方法。卷中:四之器,叙述煮茶、饮茶的器皿,即 24 种饮茶用具,如风炉、茶釜、纸囊、木碾、茶碗等。卷下:五之煮,讲烹茶的方法和各地水质的品第;六之饮,讲饮茶的风俗,即陈述唐代以前的饮茶历

《茶经》简介

史;七之事,叙述古今有关茶的故事、产地和药效等;八之出,将唐代全国茶区的分布归纳为山南(荆州之南)、浙南、浙西、剑南、浙东、黔中、江西、岭南等八区,并谈各地所产茶叶的优劣;九之略,分析采茶、制茶的用具可依当时环境省略某些用具;十之图,教人用绢素写茶经,陈诸座隅,目击而存。《茶经》系统地总结了当时的茶叶采制和饮用经验,全面论述了有关茶叶起源、生产、饮用等各方面的问题,传播了茶业科学知识,促进了茶叶生产的发展,开创了中国茶道的先河。

《茶经经典珍藏本》成书于唐代,是中国乃至世界现存最早、最完整、最全面介绍茶的专著,被誉为"茶叶百科全书",距今已有 1 000 多年的历史。它是"茶圣"陆羽毕生茶事绝学的心髓。它是我国茶文化的开山巨著,内容非常丰富,分源、具、造、器、煮、饮、事、出、略和图等方面向我们介绍了中国的特产——茶。文白对照,同时还有名家制作的茶壶、名茶等插图,图文并茂。最后还有唐史关于陆羽的记载。这本书既让读者了解了茶,又了解了茶圣,非常全面,是一本不可多得的珍藏本。

陆羽(733—804 年),字鸿渐、季疵,号竟陵子、桑苎翁、东冈子,又号"茶山御史",唐朝复州竟陵(今湖北天门市)人。唐代著名茶学家,被誉为"茶仙",尊为"茶圣",祀为"茶神"。陆羽一

生嗜茶,精于茶道,唐朝上元初年(公元760年),陆羽隐居苕溪(今浙江湖州),撰《茶经》三卷,成为世界上第一部茶叶专著。他对茶叶有浓厚的兴趣,长期实施调查研究,熟悉茶树栽培、育种和加工技术,并擅长品茗。他开启了一个茶的时代,为世界茶业发展做出了卓越贡献。他也很善于写诗,但其诗作目前世上存留的并不多。

茶者,南方之嘉木也,一尺二尺,乃至数十尺。其巴山峡川有两人合抱者,伐而掇之。其树如瓜芦,叶如栀子,花如白蔷薇,实如栟榈,蒂如丁香,根如胡桃。

其字或从草,或从木,或草木并。其名一曰茶,二曰槚,三曰蔎,四曰茗,五曰荈。其地,上者生烂石,中者生砾壤,下者生黄土。凡艺而不实,植而罕茂。法如种瓜,三岁可采。野者上,园者次,阳崖阴林,紫者上,绿者次;笋者上,牙者次;叶卷上,叶舒次。阴山坡谷者不堪采掇,性凝滞,结瘕疾。

茶之为用,味至寒,为饮最宜精行俭德之人。若热渴、凝闷、脑疼、目涩、四肢烦、百节不舒,聊四五啜,与醍醐、甘露抗衡也。采不时,造不精,杂以卉,莽饮之成疾。茶为累也,亦犹人参。上者生上党,中者生百济、新罗,下者生高丽。有生泽州、易州、幽州、檀州者,为药无效,况非此者,设服荠苨,使六疾不瘳。知人参为累,则茶累尽矣。

茶,是我国南方的优良树木,它高一尺、二尺,有的甚至高达几十尺。在巴山、峡川一带,有树干粗到两人合抱的,要将树枝砍下来,才能采摘到芽叶。茶树的树形像瓜芦,叶形像栀子,花像白蔷薇,种子像棕榈,果柄像丁香,根像胡桃。

"茶"字的结构,有的从"草"部,有的从"木"部,有的"草""木"兼从。茶的名称有五种:一称"茶",二称"槚",三称"蔎",四称"茗",五称"荈"。种茶的土壤,以岩石充分风化的土壤为最好,今有碎石子的砾壤次之,黄色黏土最差。一般说来,若茶苗移栽的技术掌握不当,移栽后的茶树很少长得茂盛。种植的方法像种瓜一样,种后三年即可采茶。茶叶的品质,以山野自然生长的为好,在园圃栽种的较次。在向阳山坡,林荫覆盖下生长的茶树,芽叶呈紫色的为好,绿色的差些;芽叶以节间长、外形细长如笋的为好,芽叶细弱的较次;叶绿反卷的为好,叶面平展的次之。生长在背阴的山坡或山谷的茶叶品质不好,不值得采摘,因为其性质凝滞,喝了会使人腹胀。

茶的功用,因为其性质冷凉,可以降火,作为饮料最适宜。品行端正有节俭美德的人,如果发烧、口渴、胸闷、头疼、眼涩、四肢无力、关节不畅,喝上四五口,其效果与最好的饮料醍醐、甘露不相上下。但是,如果采摘的不适时,制造的不精细,夹杂着野草败叶,人喝了就会生病。茶和人参一样,产地不同,质量差异很大,甚至会产生不利影响。上等的人参产自上党,中等的产自百济、新罗,下等的产自高丽。产自泽州、易州、幽州、檀州的(品质最差),作药用,没有疗效,更不要说那些比它们还不如的呢!倘若误把荠苨当人参服用,疾病将不得痊愈,明白了对于人参的比喻,茶的不良影响,也就可明白了。

核 工 记

宋起凤

《核工记》是清代文学家宋起凤所作。文章描写了一个"长五分许,横广四分"的桃核上雕刻的人、物、风景,主体部分按照由上至下、由内及外、由中心至边缘的空间顺序来写,体现了该桃刻工艺的传神、精细和复杂,以及工匠高超的刻技。文章说明顺序井然,杂而不乱,条理清晰,描述生动。

宋起凤,字来仪,号紫庭,又号䛑山,自署兰渚,浙江余姚人。顺治八年(1651年)副贡生。授灵丘知县,后调乐阳知县。喜欢游历,足迹遍及南北。在金陵(今南京)时,交林茂之、薛千仞、宋子健、刘纯之、萧尺木,在都门与陈默公、白仲偑、宋既庭等结文会,皆一时名士。其诗逼近晚唐,才丰词沛,随物赋情。文善于序记,撰有《大茂山房合稿》六卷。

季弟①获桃坠②一枚,长五分许③,横广④四分。

全核向背⑤皆山。山坳⑥插一城,雉⑦历历⑧可数。城巅⑨具⑩层楼⑪,楼门洞敞⑫。中有人,类⑬司更⑭卒⑮,执⑯桴鼓⑰,若寒冻不胜⑱者。

枕⑲山麓⑳一寺,老松隐蔽三章㉑。松下凿双户㉒,可开阖。户内一僧,侧首倾听;户虚掩,如应门㉔;洞开,如延纳㉕壮——左右度㉖之无不宜。松外东来一衲㉗,负㉘卷帙㉙踉蹡㉚行,若㉛为佛事㉜夜归者。对㉝林一小陀㉟,似闻㊱足音仆仆㊲前。

核侧出浮屠㊳七级,距滩维㊴半黍。近滩维㊵一小舟。篷窗短舷间,有客凭几㊶假寐㊷,形若渐㊸寤㊹然。舟尾一小童,拥㊺炉嘘㊻火盖㊼供客茗㊽饮。舣舟㊾处当㊿寺阴㉛,高阜㉜钟阁踞㉝焉。叩钟者貌爽爽㉝自得,睡足徐兴㉝乃尔㉞。

山顶月晦半规㊷,杂㊸疏星数点。下则波纹涨起,作潮来候㊹。取诗"姑苏城外寒山寺,夜半钟声到客船"之句。

计㊺人凡㊻七:僧四,客一,童一,卒一。宫室器具凡九:城一,楼一,招提㊼一,浮屠一,舟一,阁一,炉灶一,钟鼓各一。景凡七:山、水、林木、滩石四,星、月、灯火三。而人事㊽如传更、报晓、候门、夜归、隐几、煎茶,统为六,各殊致殊意㊾,且并㊿其愁苦、寒惧、凝思诸态,俱一一肖㊶之。

语云:"纳㊷须弥于芥子。"殆谓是欤!

注 释

①季弟:最小的弟弟。古代汉语中辈分排行:伯(孟)、仲、叔、季。

②坠:坠子,一种装饰物。

③许:左右。

④广:宽。

⑤向背:正面和背面。

⑥坳(āo):洼下的地方。

⑦雉(zhì):城墙垛子。

⑧历历:分明的样子。

⑨巅:顶端。

⑩具:有。

⑪层楼:高楼。

⑫洞敞:大开。

⑬类:像。

⑭司更:司,管理;更,打更。

⑮卒:士兵。

⑯执:拿。

⑰枹(fú)鼓:鼓槌(chuí)。

⑱不胜:受不了。

⑲枕:临,靠近。

⑳山麓:山脚。

㉑章:棵。

㉒户:门。

㉓阖:合。

㉔应门:应声开门。

㉕延纳:接纳的样子。

㉖度:揣测。

㉗宜:合适。

㉘衲:和尚穿的衣服,这里借代和尚。

㉙负:背着。

㉚卷帙(zhì):书卷,这里指佛经。

㉛跟(liàng)跄(qiāng):走路匆忙不稳的样子。

㉜若:到……去;参加。

㉝佛事：佛教的各种活动，如诵经、祈祷等。

㉞对：并峙。

㉟小陀：小和尚。

㊱闻：听见。

㊲仆仆：奔走劳顿的样子。

㊳浮屠：宝塔。

㊴半黍：半分长。

㊵维：系。

㊶凭几(jī)：靠着茶几。

㊷假寐：不脱衣服睡觉。

㊸渐：快要。

㊹寤(wù)然：睡醒的样子。

㊺拥：抱着。

㊻嘘：吹。

㊼盖：表示推测，大概。

㊽茗：茶。

㊾舣(yǐ)舟：船靠岸。

㊿当：正对。

㊀阴：背面。

㊁阜(fù)：土山。

㊂踞：蹲。

㊃爽爽：高明卓越的样子。

㊄徐兴：睡足以后慢慢起身之状。兴，起身。

㊅乃尔：如此这般。

㊆月晦(huì)半规：月亮昏暗呈半圆形。

㊇杂：夹杂。

㊈候：征兆。

㊉计：统计。

㉑凡：共。

㉒招提：佛寺。

㉓人事：人之所为，人的活动。

㉔各殊致殊意：情态各不相同。

㉕并：一并具有。

㉖肖(xiào)：模仿。

㉗纳：容纳。

我最小的弟弟得到了一枚桃核坠子,它长五分①左右,横宽四分。

整个桃核正面和背面全是山。在山的低洼处插出一座城来,城墙垛子分明,可以计算数目,城顶有高楼,楼门大开,其中有人,像是打更的更夫,拿着鼓槌打鼓,好像不能忍受这寒冷的天气一样。

靠近山脚有一座寺院,隐蔽着三棵古老的松树。松树下面开了两扇门,可以打开和闭合。门里面有一个和尚,侧着耳朵专心致志地听着外面的声音;门半掩着,好像是等着谁应声开门;门大开,好像在请谁进去。以上两种情况反复揣测没有不合适的。松树东面来了一个和尚,背着佛经匆忙地前行,好像是刚参加完佛教活动晚归的人。对面的树林里有一个小和尚,听到了脚步声急急忙忙地上前。

桃核旁边露出七级宝塔,距离河滩有半分远。靠近河滩处系着一条小船,在篷窗短船之间,有一个船客靠着茶几在休憩,好像快要睡醒了。船尾有一个小童,抱着炉在吹火,大概是烧水给客人泡茶喝吧!船靠岸的地方正对着寺院的背面,高处的土山上有敲钟的阁楼蹲在那里。敲钟的人神色飞扬,怡然自得,是睡足了慢慢起身才这样的啊。

山顶月亮昏暗呈半圆形,夹杂着稀疏的星星有几点。山下面则是波纹涨起来了,显示出大潮要来的征兆。整个桃坠的创意取自于唐朝张继的"姑苏城外寒山寺,夜半钟声到客船"的诗句。

计算整个桃坠,总共有七个人:分别是四个和尚、一个船客、一个小童、一个士兵。宫殿房屋器物用具共有九个,分别是:一座城、一座楼、一座寺院、一个宝塔、一条小舟、一个阁楼、一个炉灶,还有钟和鼓各一个。景致共有七处,分别是:山、水、林木、四块河滩石头、星星、月亮、三盏灯火。而人的活动,例如传递更次、报知天亮、候门等人、夜晚归来、靠着茶几、烧制茶水,总共有六样,各自神情态度都不相同,并且具有愁眉苦脸、畏惧严寒、凝聚神思各种神态,都模仿得很像。

佛语说:"容纳高山于芥菜子。"大概说的就是这吧!

荆楚岁时记(节选)

宗 懔

《荆楚岁时记》是我国最早记录楚地岁时节令、风物故事的笔记体专书。现存一卷,以时为序,自元旦至除夕,凡三十八条,记录了古代荆楚地区四时十二月重大节令的来历、传说、风俗、

---

① 分:计量单位名称,此处指长度,10厘等于1分,10分等于1寸。

活动等,涉及天文、地理、历史、神话、农事、生产、婚姻、家庭、医药、文娱、体育、旅游等众多领域。其多学科知识资料的运用,使历代著录对其有诸如农家类新旧《唐志》、史部地理类《四库全书》、史部时令类《书录解题》、礼类《通志》等纷纭不一的归类。它是我国著作年代最早、影响最大的民俗学著作。其中关于端阳竞渡、寒食禁火、七夕乞巧、重阳登高等民俗记录,具有珍贵的历史价值;十月十五夜迎紫姑神的记载,惟妙惟肖,颇具文学色彩。

作者链接

宗懔(499—563年),字元懔,世居涅阳(今属河南邓州),后迁江陵(今属湖北荆州)。他幼年聪敏好学,被誉为"小儿学士"。南朝梁时,湘东王萧绎镇荆州,刘之遴荐为记室。曾奉命作《龙川庙碑》,一夜即成,为萧绎叹美。后历任临汝、建城、广晋县令。湘东王重镇荆州时,任宗懔为别驾兼江陵令。承圣元年(552年),湘东王即帝位(梁元帝),任宗懔为尚书侍郎,封信安县(今属湖北麻城)侯,累迁至吏部尚书。魏军破江陵,宗懔去关中。太平二年(557年)北周闵帝宇文觉即位,拜宗懔为车骑大将军。明帝(宇文毓)时,懔与王褒在麟趾殿勘定群书。有文集20卷,今存诗4首及《荆楚岁时记》辑本。《荆楚岁时记》是宗懔的笔记,记述荆楚之地自正月初一至除夕一年中的岁时节令、风物故事,保存了一些古代的神话和传说,后世著作多所引用。

长幼悉正衣冠,以次拜贺,进椒柏酒,饮桃汤。进屠苏酒,胶牙饧,下五辛盘。进敷于散,服却鬼丸。各进一鸡子。造桃板着户,谓之仙木。必饮酒次第,从小起。

按《四民月令》云:过腊一日谓之小岁,拜贺君亲,进椒酒,从小起。椒是玉衡星精,服之令人身轻能老。柏是仙药。成公子安《椒华铭》则曰:"肇惟岁首,月正元日。厥味惟珍,蠲除百疾。"是知小岁则用之,汉朝元正则行之。桃者,五行之精,厌伏邪气,制百鬼也。

董勋云:俗有岁首用椒酒,椒花芳香,故采花以贡樽。正月饮酒先小者,以小者得岁,先酒贺之。老者失岁,故后与酒。

周处《风土记》曰:"元日造五辛盘,正元日五熏炼形。"五辛,所以发五脏之气。《庄子》所谓"春日饮酒茹葱,以通五脏也"。敷于散出葛洪《炼化篇》。方:用柏子人、麻人、细辛、干姜、附子等分为散,井华水服之。又方:江夏刘次卿以正旦至市,见一书生入市,众鬼悉避。刘问书生曰:"子有何术以至于此?"书生言:"我本无术。出之日,家师以丸药绛囊裹之,令以系臂,防恶气耳!"于是刘就书生借此药,至所见鬼处,诸鬼悉走,所以世俗行之。其方:用武都雄黄丹散二两,蜡和,令调如弹丸。正月旦,令男左女右带之。周处《风土记》曰:"正旦,当生吞鸡子一枚,谓之练形。"胶牙者,盖以使其牢固不动,今北人亦如之:熬麻子、大豆,兼糖散之。

按《练化篇》云:"正月旦,吞鸡子、赤豆七枚,避瘟气。"又,《肘后方》云:"旦及七日,吞麻子、小豆各二七枚,消疾疫。"《张仲景方》云:"岁有恶气中人,不幸便死。取大豆二七枚,鸡子、白麻子,酒吞之。"然麻豆之设,当起于此。梁有天下,不食荤,荆自此不复食鸡子,以从常则。

（正月初一）全家老小端正穿戴，依次祭祀祖神，祝贺新春。敬奉椒柏酒，喝桃汤水。饮屠苏酒，吃胶牙糖。吃五辛菜。服"敷于散"和"却鬼丸"。每人吃一个鸡蛋。做两块桃木板，悬挂在门上，这桃板叫作仙木。喝酒的次序是从年纪最小的开始。

按语《四民月令》说：过了腊祭的第一天叫小年。过小年这一天向尊长双亲祝贺。喝椒酒从年纪小的开始。椒是玉衡星的精灵，吃了能使人年轻耐老。柏是一种仙药。魏朝人成公绥写的《椒花铭》里说过："一年开始的日子，是正月初一。椒味精美，吃了它能免除百病。"由此，我们知道过小年要喝椒柏酒的，到了汉朝正月初一就很盛行了。桃木是五行的精灵，可以镇压邪气，制服百鬼。

魏朝人董勋说：习俗上正月初一喝椒酒。椒花很香，所以采摘来浸入酒里，贡献给长者。正月喝酒先从年纪小的开始，因为年轻人过年意味着长大了一岁，先喝酒有祝贺他的意思，老年人过年意味着又失去了一岁所以稍迟一点给他斟酒。

周处写的《风土记》说："正月初一做成五辛菜。用韭、薤、蒜、芸苔、胡荽这五种带辛味的菜来修炼形体。"五辛菜是使五脏之气顺通的食物。《庄子》上讲的春天喝酒吃葱，就是为了顺通五脏。"敷于散"这种中药，出自葛洪《练化篇》。那处方是用柏子仁、麻仁、细辛、干姜、附子等粉碎成屑末状的药，舀些干净的井水将它吞服。另一个方法：江夏刘次卿在正月初一清晨到集市上去，看见一个书生到了集市，很多鬼都躲避起来了。刘次卿问书生说："你有什么方法能做到这样（指'多鬼悉避'）呢？"书生回答说："我本来没有什么方法，只是出来的那天，我的师傅给了我一颗丸药，用红色的袋子包着，叫我把它系在臂膀上，预防邪恶之气罢了。"于是刘次卿就向书生借了这种丸药，到曾见到过鬼的地方去，（果然）各种鬼都逃跑了，因此现在很时兴这种丸药。这丸药的制作方法是：用武都雄黄丹散二两，用蜡调和，使它像弹丸一般。正月初一早晨，男的佩戴在左臂上，女的佩戴在右臂上。周处《风土记》说："正月初一早晨，要生吞鸡蛋一个，说这叫作炼形。"胶黏麦芽糖或谷芽糖的原因，大概是使它牢固不动的意思。现在北方人也兴这么做：熬煎麻子、大豆，再放些糖，做成粉末状的食物。

按语《炼化篇》说："正月初一早晨，吞食鸡蛋和七颗赤豆，可以辟除瘟疫之气。"另外，《肘后方》也说："从元旦到初七，吞服麻子、小豆各一十四颗，能消除疾病。"《张仲景方》说："年年有邪气伤人，不幸遇上邪气就会身亡。准备大豆十四颗和鸡蛋、白麻子，和酒吞服（可以预防）。"这样看来，陈设麻豆的风俗，应当是从《张仲景方》中开始记载的。南朝梁有正月初一全国不吃荤的规定，（所以）荆楚从梁以后正月初一就不再吃鸡蛋，来顺从俗规。

荔 枝 图 序

白居易

《荔枝图序》是唐代文学家白居易为画工所绘的荔枝图所写的一篇序文。此文开端以"生巴峡间"交代产地;接着对荔枝加以具体说明,由树形及于叶,及于花,再到果实,写果实则从其外形及其内部着重说明荔枝的形态,尤其是用了许多比喻,形象地描绘了果实的外形、核、壳、膜、瓤肉和浆液的味道;然后简要说明荔枝采摘后色、香、味很难保持的特点;文末点明作序目的。全文语言简洁,比喻生动,层次清晰,详略得体。

作者链接

白居易(772—846 年),字乐天,号香山居士。生于河南新郑,其先太原(今属山西)人,后迁下邽(今陕西渭南东北)。贞元进士,授秘书省校书郎。元和年间任左拾遗及左赞善大夫。后因上表请求严缉刺死宰相武元衡的凶手,得罪权贵,被贬为江州司马。长庆初年任杭州刺史,宝历初年任苏州刺史,后官至刑部尚书。在文学上,主张"文章合为时而著,歌诗合为事而作",是新乐府运动的倡导者。其诗语言通俗,人有"诗魔"和"诗王"之称。和元稹并称"元白",和刘禹锡并称"刘白"。有《白氏长庆集》传世。

荔枝生巴峡①间,树形团团如帷盖②。叶如桂,冬青③,华如橘,春荣;实如丹,夏熟。朵如葡萄,核如枇杷,壳如红缯,膜如紫绡,瓤肉莹白如冰雪,浆液甘酸如醴酪。大略如彼,其实过之。若离本枝,一日而色变,二日而香变,三日而味变,四五日外,色香味尽去矣。

元和十五年夏,南宾守乐天,命工吏图而书之,盖为不识者与识而不及一二三日者云。

①巴峡:指唐代的巴州和峡州,在今四川省东部和湖北省西部。这里作者只说"荔枝生巴峡间",其实我国生产荔枝的地方还有福建、杭州等地。
②帷盖:车的帷幔和篷,围在四周的部分叫"帷",盖在上面的部分叫"盖"。
③冬青:冬天还是绿的。

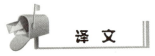

荔枝生于四川、湖北一带,树的形状团团像车上的帷幕和篷盖;叶子像桂树叶,冬天还是青色的;花像菊花,春天开放;果实像丹砂一般红,夏天成熟。众多果实聚在一起像葡萄;核像枇

杷核;壳如红色丝绸;膜如紫色的绸缎;瓤肉莹白像冰雪;浆液甜酸像甜酒和奶酪。大致就是那样,它的实际情况比介绍的还要好。如果果实离开树枝,就会一天变颜色,两天香变了,三天味变了,四五天后,色香味全没了。

公元820年的夏天,南宾郡的太守白乐天让画工画了一幅荔枝图,我写下这篇序,是给那些不了解荔枝,以及认识荔枝但不知道摘下后过了一天、两天、三天后变化的人看的。

核舟记(节选)

魏学洢

《核舟记》是明末的散文家魏学洢所写的说明文言文。本文被清代张潮收入《虞初新志》。本文使用从中间到两头、先整体后局部、从正面到背面的空间顺序和总—分—总的叙述顺序介绍了"核舟"的形象,表现了作者对王叔远精湛技术的赞美和对民间艺术的赞扬,反映了我国古代雕刻艺术的伟大成就。作者用生动简洁的语言描绘了"核舟"上栩栩如生的人物形象和景物的特点,赞美了刻舟者的精巧技艺也同时高度赞扬了中国古代汉族劳动人民的勤劳与智慧。

《核舟记》欣赏

魏学洢(约1596—1625年),字子敬,号茅檐,嘉善(今浙江省嘉兴市嘉善县)人。他是明末天启年间著名的江南才子,出生在浙江嘉兴的一户仕宦人家,父亲是一位名臣。他一生写过很多篇脍炙人口的文章,其中最有名的便是被清代人张潮收入《虞初新志》的《核舟记》,还有比较著名的就是《茅檐集》八卷。

明有奇①巧人曰王叔远,能以②径③寸之木,为④宫室、器皿、人物,以至鸟兽、木石,罔⑤不因⑥势⑦象⑧形,各具情态⑨。尝⑩贻⑪余核舟一,盖⑫大苏泛⑬赤壁云⑭。

舟首尾长约八分有奇⑮,高可⑯二黍⑰许。中轩⑱敞者为舱,箬篷⑲覆之。旁开小窗,左右各四,共八扇。启窗而观,雕栏相望⑳焉。闭之,则右刻"山高月小,水落石出",左刻"清风徐来,水波不兴",石青㉑糁㉒之。

船头坐三人,中峨冠㉓而多髯者为东坡,佛印居右,鲁直居左。苏、黄共阅一手卷。东坡右手执卷端,左手抚鲁直背。鲁直左手执卷末,右手指卷,如有所语。东坡现右足,鲁直现左足,各微侧,其两膝相比㉔者,各隐卷底衣褶中。佛印绝㉕类弥勒,袒胸露乳,矫㉖首昂视,神情与苏、黄不属㉗。卧右膝,诎㉘右臂支船,而竖其左膝,左臂挂念珠倚㉙之,珠可历历㉚数也。

舟尾横卧一楫。楫㉛左右舟子㉜各一人。居右者椎髻㉝仰面,左手倚一衡㉞木,右手攀㉟右趾,若啸呼状。居左者右手执蒲葵扇,左手抚炉,炉上有壶,其人视㊱端容寂㊲,若听茶声然㊳。

21

其船背稍夷,则题名其上,文曰"天启壬戌秋日,虞山王毅叔远甫③刻",细若蚊足,钩画⑩了了㊶,其色墨。又用㊷篆章㊸一,文曰"初平山人",其色丹㊹。

通计一舟,为人五;为窗八;为箬篷,为楫,为炉,为壶,为手卷,为念珠各一;对联、题名并篆文,为字共三十有四。而计其长,曾㊺不盈㊻寸。盖简㊼桃核修狭㊽者为之。嘻,技亦灵怪矣哉㊾!

注 释

①奇:奇特。

②以:用。

③径:直径。

④为:做,这里指雕刻。

⑤罔:无,没有。

⑥因:依据。

⑦势:样子。

⑧象:模拟,仿照。

⑨情:神情。态:姿态。

⑩尝:曾经。

⑪贻:赠。

⑫盖:大概,原来是。

⑬泛:泛舟。

⑭云:句尾语气词,无意。

⑮有(yòu)奇(jī):有,放在整数与零数之间,意思同"又"。奇,零数。

⑯可:大约。

⑰黍:又叫黍子,去皮后叫黄米。

⑱轩:高。

⑲箬篷:用箬竹叶做成的船篷。名词作状语,用箬篷。

⑳相望:左右相对。

㉑石青:一种矿物质的蓝色颜料,这里译为用石青。

㉒糁:涂染,名作动。

㉓峨冠:戴着高高的帽子。

㉔比:靠近。

㉕绝:极,非常。

㉖矫:举。

㉗属(zhǔ):相类似。

㉘诎:同"屈",弯曲。

㉙倚:倚靠。
㉚历历:分明可数的样子。
㉛楫:船桨。
㉜舟子:撑船的人。
㉝椎髻:梳着锥形发髻,名词用作动词。髻,在脑上或脑后挽束起来。
㉞衡:通"横",与纵相对。
㉟攀:扳。
㊱视:目光。
㊲寂:平静。
㊳然:……的样子。
㊴甫:同"父",古代男子的美称。
㊵钩画:笔画。
㊶了了:清楚明白。
㊷用:刻着。
㊸篆章:篆字图章。
㊹丹:朱红色。
㊺曾(zēng):尚,还。
㊻盈:满。
㊼简:通"拣",挑选。
㊽修狭:长而窄。
㊾技亦灵怪矣哉:技艺也真奇妙啊!矣哉:表示惊叹的语气词,相当于"了啊"。

译文

明朝(有一个)有技艺精巧的人名字叫王叔远。(他)能用直径一寸的木头,雕刻出宫殿、器具、人物,还有飞鸟、走兽、树木、石头,没有一件不是根据事物原来的样子模拟其形象的,各有各的神情姿态。(他)曾经送给我一个用桃核雕刻成的小船,刻的是苏轼乘船游赤壁(的情形)。

船头到船尾长八分多一点,约有两个黄米粒那么高。中间高起而敞开的部分是船舱,用箬竹叶做的船篷覆盖着。旁边有小窗,左右各四扇,一共八扇。打开窗户来看,雕刻着花纹的栏杆左右相对。关上窗户,就看到一副对联,右边刻着"山高月小,水落石出"八个字,左边刻着"清风徐来,水波不兴"八个字,用石青涂在字的凹处。

船头坐着三个人,中间戴着高高的帽子,胡须浓密的那个人是苏东坡(苏轼),佛印(苏轼的好友)位于右边,鲁直(黄庭坚)位于左边。苏东坡、鲁直共同看着一幅书画长卷。苏东坡右手拿着卷的右端,左手轻按在鲁直的背上。鲁直左手拿着卷的左端,右手指着长卷,好像在说些什么。苏东坡露出右脚,鲁直露出左脚,(身子都)略微侧斜,他们互相靠近的两膝,都被遮蔽在长卷下边的衣褶里(从衣褶上可以看出相并的两膝的轮廓)。佛印极像佛教的弥勒菩萨,袒着胸脯,露出乳头,抬头仰望,神情和苏东坡、鲁直不相类似。佛印卧倒右膝,弯曲着右臂支撑在船上,竖着他的左膝,左臂上挂着一串念珠,靠在左膝上,念珠简直可以清清楚楚地数出来。

船尾横放着一支船桨。船桨的左右两边各有一名撑船的人。位于右边的撑船者梳着锥形发髻,仰着脸,左手倚在一根横木上,右手扳着右脚趾头,好像在大声呼喊。在左边的人右手拿着一把蒲葵扇,左手轻按着火炉,炉上有一把水壶,那个人的眼睛正望着(茶炉),神色平静,好像在听茶水的声音。

船的背面较平,作者在上面提上自己的名字,文字是"天启壬戌秋日,虞山王毅叔远甫刻",笔画像蚊子的脚一样细小,清清楚楚,字的颜色是黑的。还刻着一枚篆书图章,文字是:"初平山人",字的颜色是红的。

总计一条船,刻了五个人,八扇窗户;箬竹叶做的船篷、船桨、炉子、茶壶、手卷、念珠各一件;对联、题名和篆文,刻的字共计三十四个。可是计算它的长度,还不满一寸。原来是挑选长而窄的桃核雕刻而成的。嘻,这技艺也真灵巧奇妙啊!

齐民要术(节选)

贾思勰

《齐民要术》大约成书于北魏末年,是北朝北魏时期,南朝宋至梁时期,中国杰出农学家贾思勰所著的一部综合性农学著作,也是世界农学史上专著之一,是中国现存最早的一部完整的农书。

全书10卷92篇,系统地总结了六世纪以前黄河中下游地区劳动人民农牧业生产经验、食品的加工与贮藏、野生植物的利用以及治荒的方法,详细介绍了季节、气候和不同土壤与不同农作物的关系。

《齐民要术》系统地总结了秦汉以来我国黄河流域的农业科学技术知识,其取材布局为后世的农学著作提供了可以遵循的依据。该书不仅是我国现存最早和最完善的农学名著,也是世界农学史上最早的名著之一,对后世的农业生产有着深远的影响。该著作由耕田、谷物、蔬菜、果树、树木、畜产、酿造、调味、调理、外国物产等多个章节构成,是中国现存的最早的、最完整的大型农业百科全书。

贾思勰,北魏益都(今属山东寿光)人,生平不详,曾任高阳郡(今属山东临淄)太守,是中国古代杰出的农学家。约在北魏永熙二年至东魏武定二年间(533~544年),贾思勰著成综合性农书《齐民要术》。

齐民者,若今言平民也,盖神农为耒耜,以利天下。殷周之盛,《诗》《书》所述,要在安民,富而教之。晁错曰:"圣王在上而民不冻不饥者,非能耕而食之,织而衣之,力开其资财之道也。夫寒之于衣,不待轻暖;饥之于食,不待甘旨。饥寒至身,不顾廉耻。一日不再食则饥,终岁不制衣则寒。夫腹饥不得食,体寒不得衣,慈母不能保其子,君亦安能以有民?"

　　皇甫隆为敦煌,敦煌俗不晓作耧犁,及种,人牛功力既费,而收谷更少,皇甫隆乃教作耧犁,所省佣力过半,得谷加五①。又,敦煌谷,妇女作裙,挛缩②如羊肠,用布一匹。隆又改之,所省复不赀③。黄霸为颍川,使邮亭、乡官皆畜鸡豚,以赡鳏寡、贫穷者;及务耕桑,节用,殖财,种树。鳏寡孤独有死无以葬者,乡部书言,霸具为区处④:某所大木,可以为棺;某亭豚子,可以为祭。吏往,皆如言。

　　李衡于武陵龙阳汜洲上作宅,种柑橘千树。临卒,敕儿曰:"吾州里有千头木奴⑤,不责汝衣食,岁上一匹绢,亦可足用矣。"后柑橘成,岁得绢数千匹。樊重欲作器物,先种梓、漆,时人嗤之。然积以岁月,皆得其用。向之笑者,咸求假焉。此种植之不可已也。谚曰:"一年之计,莫如种谷;十年之计,莫如树木。"此之谓也。孔子曰:"居家理,治可移于官。"然则家犹国,国犹家,其义一也。

　　今采捃经传,爰及歌谣;询之老成,验之行事;直自耕农,终于醯醢⑥。资生之业,靡不毕书,号曰《齐民要术》。凡九十二篇,分为十卷,卷首皆有目录。鄙意晓示家童,未敢闻之有识。故叮咛周至,不尚浮辞。览者无或嗤焉。

①加五:增加五成。

②挛缩:褶皱。

③不赀:不计其数

④区处:分别处理。

⑤千头木奴:暗指千棵柑橘树。

⑥醯醢(xī hǎi):指酿造、腌制的方法。

　　"齐民"的意思就如同现在我们说的"平民"。当初神农氏制作耒耜这种农具,使天下人受益。商周二朝强盛的时候,《诗》《书》记述的内容,关键在于安定人民,人民富足后再来教导人民。晁错说:"圣明的君主在位而百姓不受冻不挨饿的原因,不是君王能亲自耕种使他们有饭吃,亲自织布使他们有衣穿,而是能为他们开辟增加财富的途径。寒冷时穿衣,不完全是为了轻便保暖;饥饿时吃饭,不见得只为求得甘甜的滋味。当饥饿寒冷降临到身上时,百姓就不再顾及廉耻。一天不吃两顿饭就会挨饿,一年不置办衣物就会受寒。当肚子饥饿吃不到饭食,身上寒冷穿不上衣服时,连慈母也不能保全她的子女,国君又怎能拥有自己的百姓呢?"

　　皇甫隆治理敦煌时,敦煌的人民不懂得用耧犁来耕作,等到种地时,人和牛花费了不少力气功夫,最后所收获的谷物却很少。皇甫隆于是教导人们制作耧犁,和以前的耕作方法比,所花力气不过一半,收获的谷物却增加了五成。另外,按敦煌的习俗,妇女做出的裙子,褶皱多得像羊肠,使用布有一匹之多。皇甫隆又改进了制裙工艺,结果所节省的衣料不计其数。黄霸治理颍川,让邮亭、乡官都畜养鸡猪来赡养鳏夫寡妇以及生活贫穷窘困之人,同时从事耕田种桑,节约用度,积累财富并种植树木。鳏夫寡妇这类无依无靠的人死后没有下葬的物品,乡官按常例报告给黄霸后,他便具体地一一处理,让手下记住,某某地有大树,可以做棺木,某某亭有猪仔,可以做祭祀用品。下吏去了一看,都和他所说的一模一样。

李衡在武陵龙阳泛洲上造宅子,种了上千棵柑橘。临死时,告诉儿子:"我们州里有上千棵柑橘树,不需要你提供衣食来养护'它们',每年又能给你献上一匹绢,也足够你使用了。"后来柑橘长成,一年得绢几千匹。樊重想制作器物,先种梓、漆,当时人们嗤笑他这种做法。然而岁月久了,所种树木都派上了用场。先前嘲笑他的人,都来向他求借。这种种植之法是不会被废止的呀!谚语说:"一年的打算,不如种谷物;十年的计划,不如种树。"说的就是这个道理。孔子说:"管理家庭生活的方法可适用于做官。"既然是这样,那么家如同国,国如同家,它们的含义是一样的呀!

如今我从经传书籍以及民间歌谣中援引,向有经验的老成之士询问求教,并通过实践验证,从耕种田地之术到酿造、腌制之法,通过各种途径搜集生产的技术经验。帮助谋生的经验技术,都写在书里,书名叫《齐民要术》。共有九十二篇,分为十卷,卷的开头都有目录。我想先给家童看,还不敢给有识之士看,因此反复细致地阐述我总结的生产技术经验,不追求辞藻的华丽。阅览的人请不要嗤笑吧。

雁 荡 山

沈 括

北宋熙宁七年(1074年)四月,大科学家沈括实地考察了位于浙江温州的雁荡山。本文是他当时所写的考察笔记(选自《梦溪笔谈》)。文章探讨了雁荡山名称的来历,描述了峭拔险峻、奇秀多姿的雁荡诸峰,推究并说明了雁荡山奇特地貌形成的原因。

《雁荡山》是一篇科技说明文,不仅条理清晰、说理严密,而且叙事生动、行文委婉、笔墨传神。开篇"温州雁荡山,天下奇秀,然自古图牒,未尝有言者"四句,既言明雁荡山的方向,又提出了一个悬念——"未尝有言者"。该段写山绘景,引证史料,摘录诗句,说明雁荡山长期不为人所知的情况。接着写雁荡山的景观,"诸峰""森然干霄",却"皆包在诸谷中"。推究雁荡山地貌的成因,同时也解释了此山长期不为人知的原因。阅读时,注意体会本文简洁的语言特色及作者严谨的科学精神。

作者链接

沈括,北宋时期的自然科学家、思想家。一生著述甚丰,创见独具,广博精深,《梦溪笔谈》就是他留给世人的一部辉煌不朽的巨著。

温州①雁荡山②,天下奇秀,然自古图牒③,未尝有言者④。祥符中⑤,因造玉清宫⑥,伐木取材,方有人见之,此时尚未有名⑦。按西域书⑧,阿罗汉诺矩罗⑨居震旦⑩东南大海际雁荡山芙蓉峰龙湫⑪。唐僧贯休⑫为《诺矩罗赞》,有"雁荡经行云漠漠⑬,龙湫宴坐雨蒙蒙⑭"之句。此山南有芙蓉峰,峰下芙蓉驿⑮,前瞰大海,然未知雁荡、龙湫所在⑯。后因伐木,始见此山。山顶有大池,相传以为雁荡⑰,下有二潭水,以为龙湫。又有经行峡、宴坐峰,皆后人以贯休诗名之⑱也。谢灵运为永嘉守⑲,凡永嘉山水,游历殆⑳遍,独不言此山,盖当时未有雁荡之名。

予观雁荡诸峰,皆峭拔险怪,上耸千尺,穹崖巨谷㉑,不类㉒他山,皆包在诸谷中㉓。自岭外望之,都无所见,至谷中则森然干霄㉔。原其理㉕,当是为谷中大水冲激,沙土尽去,唯巨石岿然㉖挺立耳。如大小龙湫、水帘、初月谷之类,皆是水凿之穴㉗。自下望之,则高岩峭壁;从上观之,适与地平㉘,以至诸峰之顶,亦低于山顶之地面㉙。世间沟壑中水凿之处,皆有植土龛岩㉚,亦此类耳。今成皋、陕西大涧中㉛,立土动及㉜百尺,迥然㉝耸立,亦雁荡具体而微㉞者,但土彼石耳。既非挺出地上㉟,则为深谷林莽㊱所蔽,故古人未见,灵运所不至,理不足怪也。

注　释

①温州:古代州名,在今浙江温州一带。
②雁荡山:位于浙江省温州市东北,有南北两群山。本文指北雁荡,共有五峰,山势奇峻,是著名的旅游胜地。现代地质学研究表明,雁荡山是一座具有世界意义的典型的白垩纪流纹质古火山——破火山。
③图牒:图籍表册,指地图及关于地理的文献、著作。
④未尝有言者:不曾有记载它的。尝:曾经。有言者:是"有言之者"的省略。
⑤祥符中:祥符年间。祥符:"大中祥符"的简称,宋真宗(赵恒)的第三个年号(1008—1016年)。
⑥玉清宫:道观名,"玉清昭应宫"的简称。
⑦尚未有名:还没有"雁荡山"这个名称。
⑧按西域书:根据有关佛教的著作。按:根据。西域书:泛指有关佛教的著作。西域:汉以后对玉门关以西地区的总称。
⑨阿罗汉:简称罗汉,梵语音译,意为修行很高的"尊者"。诺矩罗:唐代的一个和尚,据《乐清县志》记载,原名罗尧运,眉州青神(今四川青神县)人。
⑩震旦:古时印度对中国的称呼。震指东方,旦指日出,意即东方日出之地。
⑪龙湫(qiū):雁荡山的瀑布名,瀑布下有两个深潭,叫作大龙湫和小龙湫。湫:深水池。

⑫贯休：唐代著名的和尚，原名姜德隐，善诗画，著有《禅月集》，今传二十五卷，内无《诺矩罗赞》。《全唐诗》编贯休诗五十二卷，第十二卷中有"雁荡经行云漠漠，龙湫宴坐雨蒙蒙"两句。

⑬雁荡经行云漠漠：从雁荡山经过时看见白云漠漠。这是形容雁荡山极高，与云天相接。漠漠：密布的样子。

⑭龙湫宴坐雨蒙蒙：在龙湫附近静坐观赏风景时对着蒙蒙细雨。宴坐：闲居静坐。雨蒙蒙：这里形容瀑布飞溅之水沫如细雨迷蒙。

⑮驿：古代传送公文的人休息和换马的地方。

⑯然未知雁荡、龙湫所在：但是（人们）还不知道雁荡、龙湫在什么地方。

⑰雁荡：又名雁湖，在芙蓉峰顶。明代陈仁锡在《潜确居类书》中写道："雁荡山在乐清县，山顶有一湖，方可十里，水常不涸，春雁归时都宿此，故名。"

⑱名之：给它命名。名：动词，命名。之：代词，代"经行峡、宴坐峰"。

⑲谢灵运：南北朝时期诗人，曾任永嘉太守，喜欢游览，擅长写山水诗。永嘉：即永嘉郡，今浙江省温州地区。守：太守，郡的最高行政官。

⑳殆：几乎。

㉑穹崖：很高的山崖。穹：高大。巨谷：巨大的山谷。谷：两山之间狭长而有出口的地带。

㉒类：同，相似。

㉓皆包在诸谷中：（雁荡山诸峰）都被包拢在各个深谷中。

㉔森然：形容山峰高耸林立。干（gàn）霄：直冲云霄。

㉕原其理：推求其中的道理。原：推求，考究。

㉖岿然：高大独立的样子。

㉗水凿之穴：水流冲刷（而形成）的洞穴。水凿：指水流冲刷。

㉘适与地平：（山谷里的雁荡诸峰）恰好跟（整个山岭的）地面一样平。适：恰好，

㉙以至诸峰之顶，亦低于山顶之地面：以至于这些山峰的最高峰，还低于整个山岭顶部的地面。

㉚皆有植土龛岩：都有直立的土壁或上部突出下部凹陷的岩石。植土：指沟壑两旁高而直立的土层。龛岩：指底部向内凹陷的岩石。

㉛成皋：旧县名，在今河南省荥阳市西境。陕西：陕县以西。陕：即河南省三门峡市，宋朝叫陕州或陕郡。大涧：夹在两山间的大水沟。

㉜立土：直立的土壁。动及：经常达到，往往达到。

㉝迥然：差得很远的样子。这里形容直立的土壁与沟壑相比高度悬殊。

㉞具体而微：各体（部分）都具备，但规模较小。

㉟既非挺出地上：（雁荡山）既然不是挺立在地面之上。

㊱林莽：指深山密林中的草木。

雁荡山是天下一座奇特、秀丽的高山，可是自古以来的地理图谱表册上都没有提及过它。

宋代祥符年间,因为修建玉清宫,人们在开山伐木时才见到它,这时它连个名字都没有。根据西域的书籍记载,有一个名叫诺矩罗的罗汉,曾住在中国东南海边雁荡山芙蓉峰的龙湫。唐朝一个叫贯休的和尚写的《诺矩罗赞》中,也有"雁荡经行云漠漠,龙湫宴坐雨蒙蒙"的诗句。这座山的南边有芙蓉峰,峰下有芙蓉驿,向前看可以俯视大海,然而当时的人依旧不知道雁荡、龙湫到底在什么地方。后来人们因为采伐木材,才见到这座山。山顶上有一个大水池,就被当作传说中的雁荡;山下有两个水潭,以为就是大、小龙湫了。至于经行峡、宴坐峰,那是后来人们根据贯休的诗句来命名的。诗人谢灵运任永嘉太守时,他把永嘉一带所有的山水几乎都游历遍了,唯独没有谈到这个雁荡山,这是因为当时还没有雁荡山这个名称呢。

我观察雁荡山的这些山峰,都陡峭、挺拔、险峻、怪异,向上耸立,高约千尺,可看见高高的山崖和巨大的沟谷,不像其他的山。它的许多山峰都包拢在周围的山谷里面。从外往里看这些山峰,什么也看不到;只有走到山谷里面,才能看到它们峭拔林立,直冲云霄。推究其形成的原因,应当是被山谷里的大水冲刷的结果,沙土都被冲走了,唯独剩下了这些巍然挺立的巨大的岩石。至于大小龙湫、水帘、初月谷之类,统统都是由水流冲刷而成的洞穴。从下面望这些山峰,都是高耸的岩石峭壁;从上面观察,山谷里的峰顶恰好跟周围山地一样高,甚至还低于周围山地的地平面。世界上溪谷里水流冲刷的地方,都有高耸直立的土层和像神龛一般的岩石,也都与这一类情况相似。今天的成皋、陕州以西的大山涧中,直立的土层往往可达百尺,高高耸立着,也算是具备了雁荡山的各种形态,不过是规模较小,只是这里是黄土的,那里是石质的罢了。雁荡山许多山峰并非挺立在平地之上,而是被深谷老林掩蔽,所以古人没有看见,那么谢灵运没有到过这里,从事理上说就不奇怪了。

三　　峡

《三峡》是北朝北魏著名地理学家郦道元所写,选自郦道元的《水经注》,是一篇著名的山水之作。本文描写了长江三峡的壮丽景象。郦道元只用几百字描写了三峡错落有致的自然风貌。全文描写随物赋形,动静相生,情景交融,情随景迁,简洁精练,生动传神。

作者链接

郦道元(约470—527年),字善长,范阳涿州(今河北涿州市)人。北魏时期官员、地理学家,是青州刺史郦范之子。郦道元幼时随父访求水道,博览奇书,游历秦岭、淮河以北和长城以南的广大地区,考察河道沟渠,搜集风土民情、历史故事、神话传说。为官之后,历任御史中尉、北中郎将,迁冀州长史、青州刺史、鲁阳太守、东荆州刺史等职。

郦道元撰有《水经注》四十卷,文笔隽永,描写生动。《水经注》既是一部内容丰富多彩的地理著作,也是一部优美的山水散文汇集,对后世游记散文的发展影响颇大。郦道元另著《本志》十三篇及《七聘》等文,但均已失传。

  自三峡①七百里中,两岸连山,略无阙②处。重岩叠嶂③,隐天蔽日,自非④亭午夜分⑤,不见曦⑥月。
  至于夏水襄陵⑦,沿溯⑧阻绝。或王命急宣⑨,有时朝发白帝⑩,暮到江陵⑪,其间千二百里,虽乘奔御风⑫,不以疾也⑬。
  春冬之时,则素湍绿潭⑭,回清倒影⑮,绝巘⑯多生怪柏,悬泉⑰瀑布,飞漱其间,清荣峻茂⑱,良⑲多趣味。
  每至晴初霜旦⑳,林寒涧肃,常有高猿长啸,属引㉑凄异,空谷传响,哀转久绝㉒。故渔者歌曰:"巴东㉓三峡巫峡长,猿鸣三声㉔泪沾㉕裳。"

注 释

①三峡:指长江上游重庆、湖北两个省级行政单位间的瞿塘峡、巫峡和西陵峡。

②略无:毫无,完全没有。阙:通"缺",空缺。

③嶂(zhàng):直立如屏障一样的山峰。

④自非:如果不是。自:如果。非:不是。

⑤亭午:正午。夜分:半夜。

⑥曦(xī):日光,这里指太阳。

⑦襄(xiāng):上,这里指漫上。陵:大的土山,这里泛指山陵。

⑧沿:顺流而下(的船)。溯:逆流而上(的船)。

⑨或:有的时候。王命:皇帝的圣旨。宣:宣布,传达。

⑩朝发白帝:早上从白帝城出发。朝:早晨。白帝:城名,在重庆奉节县东。

⑪江陵:今湖北省荆州市。

⑫虽:即使。奔:奔驰的快马。御:驾着,驾驶。

⑬不以:不如。疾:快。

⑭素湍:白色的急流。素:白色的。绿潭:碧绿的潭水。

⑮回清倒影:回旋的清波,倒映出(山石林木)的倒影。

⑯绝巘(yǎn):极高的山峰。绝:极。巘:高峰。

⑰悬泉:悬挂着的泉水瀑布。

⑱清荣峻茂:水清,树荣(茂盛),山高,草盛。

⑲良:实在,的确,确实。

⑳晴初:(雨后或雪后)天刚刚放晴的时候。霜旦:下霜的早晨。

㉑属引:连续不断。属(zhǔ):动词,连接。引:延长。

㉒哀转久绝:悲哀婉转,猿鸣声很久才消失。转:通"啭",鸣叫。绝:消失,停止。

㉓巴东:汉郡名。

㉔三声:几声。这里不是确数。

㉕沾:打湿。

在三峡七百里之间,两岸都是连绵的高山,完全没有中断的地方。悬崖峭壁重峦叠嶂,遮挡了天空和太阳。如果不是正午半夜,连太阳和月亮都无法看见。

等到夏天江水漫上山陵的时候,上行和下行船只的航路都被阻断,无法通行。有时皇帝的命令要紧急传达,这时只要早晨从白帝城出发,傍晚就到了江陵,这中间有一千二百里,即使骑上飞奔的快马,也不如船快。

等到春天和冬天的时候,就可以看见白色的急流,回旋着清波,碧绿的潭水倒映出山石林木的影子。极高的山峰上生长着许多奇形怪状的松柏,山峰间悬泉瀑布飞流冲荡。水清,树荣,山峻,草盛,确实趣味无穷。

每逢初晴的日子或者下霜的早晨,树林和山涧就显出一片清凉和寂静,常常有猿猴在高处拉长声音鸣叫,声音持续不断,显得非常悲惨凄凉,在空荡的山谷里传来的猿叫的回声悲哀婉转,很久才消失。所以三峡中渔民的歌谣唱道:"巴东三峡之中巫峡最长,猿猴鸣叫几声,凄凉得令人眼泪打湿衣裳。"

第三章　中国近现代说明文赏析

中国石拱桥

茅以升

《中国石拱桥》是中国文学作家茅以升的一篇文章,文章运用科学数据,以及赵州桥、卢沟桥两个具体的例子,说明了石拱桥在人类文明中的历史地位,具有一定的科学含量。运用平实、简明的说明语言,首先说明了石拱桥的特点为历史悠久、形式优美、结构坚固。接着,以赵州桥和卢沟桥为例进行具体说明。《中国石拱桥》一文,原载于1962年3月4日《人民日报》,后来被选入初中语文课本。

《中国石拱桥》欣赏

茅以升(1896年1月9日—1989年11月12日),字唐臣,江苏镇江人。中国桥梁学家、水木工程学家、教育家、社会活动家。1916年毕业于唐山工业专门学校土木系。次年获美国康奈尔大学土木专业硕士学位。1919年获美国卡耐基理工学院(原名卡耐基梅隆大学)博士学位。其博士论文《桥梁桁架的次应力》被称为"茅氏定律",并荣获康奈尔大学优秀研究生"斐蒂士"金质研究奖章。1979年应邀访问卡耐基梅隆大学时,校长授予他"卓越校友"奖章,以表彰他在世界工程技术方面做出的贡献。1982年被美国国家科学院授予"外籍院士"称号。1933年领导设计、修建的杭州钱塘江大桥,是我国第一座由中国人自己设计建造的铁路公路两用桥。他还参加了我国第一座现代化大桥——武汉长江大桥的建造。茅以升是中国现代桥梁工程学的重要奠基人。作为一名教育家,茅以升在教育界工作的二十余年中当过五所学校的教授、两所大学的校长、两个学院的院长,撰写了《桥话》《中国桥梁史》《中国石拱桥》《桥梁次应力》《钱塘江桥》《中国的古桥与新桥》等大量的科普文章。

石拱桥的桥洞成弧形,就像虹。古代神话里说,雨后彩虹是"人间天上的桥",通过彩虹就能上天。我国的诗人爱把拱桥比作虹,说拱桥是"卧虹""飞虹",把水上拱桥形容为"长虹卧波"。

石拱桥在世界桥梁史上出现得比较早。这种桥不但形式优美,而且结构坚固,能几十年几百年甚至上千年雄跨在江河之上,在交通方面发挥作用。

我国的石拱桥具有悠久的历史。《水经注》里提到的"旅人桥",大约建成于公元282年,可能是有记载的最早的石拱桥了。我国的石拱桥几乎到处都有,这些桥大小不一,形式多样,有许多是惊人的杰作。其中最著名的当推河北省赵县的赵州桥,还有北京丰台区的卢沟桥。

赵州桥横跨在洨河上,是世界著名的古代石拱桥,也是造成后一直使用到现在的最古老的石桥。这座桥修建于公元605年左右,到现在已经1 300多年了,还保持着原来的雄姿。到解放的时候,桥身有些残损了,在人民政府的领导下,经过彻底整修,这座古桥又恢复了青春。

赵州桥非常雄伟,全长50.82米,两端宽9.6米,中部略窄,宽9米。桥的设计完全合乎科学原理,施工技术更是巧妙绝伦。唐朝的张嘉贞说它"制造奇特,人不知其所以为"。这座桥的特点是:(一)全桥只有一个大拱,长达37.4米,在当时可算是世界上最长的石拱。桥洞不是普通半圆形,而是像一张弓,因而大拱上面的道路没有陡坡,便于车马上下。(二)大拱的两肩上,各有两个小拱。这个创造性的设计,不但节约了石料,减轻了桥身的重量,而且在河水暴涨的时候,还可以增加桥洞的过水量,减轻洪水对桥身的冲击。同时,拱上加拱,桥身也更美观。(三)大拱由28道拱圈拼成,就像这么多同样形状的弓合拢在一起,做成一个弧形的桥洞。每道拱圈都能独立支撑上面的重量,一道坏了,其他各道不致受到影响。(四)全桥结构匀称,和四周景色配合得十分和谐,桥上的石栏石板也雕刻得古朴美观。唐朝的张鷟说,远望这座桥就像"初月出云,长虹饮涧"。赵州桥高超的技术水平和不朽的艺术价值,充分显示了我国劳动人民的智慧和力量。桥的主要设计者李春就是一位杰出的工匠,在桥头的碑文里刻着他的名字。

永定河上的卢沟桥,修建于公元1189到1192年间。桥长265米,由11个半圆形的石拱组成,每个石拱长度不一,自16米到21.6米。桥宽约8米,路面平坦,几乎与河面平行。每两个石拱之间有石砌桥墩,把11个石拱联成一个整体。由于各拱相连,所以这种桥叫作联拱石桥。永定河发水时,来势很猛,以前两岸河堤常被冲毁,但是这座桥却极少过事,足见它的坚固。桥面用石板铺砌,两旁有石栏石柱。每个柱头上都雕刻着不同姿态的狮子。这些石刻狮子,有的母子相抱,有的交头接耳,有的像倾听水声,有的像注视行人,千态万状,惟妙惟肖。

早在13世纪,卢沟桥就闻名世界。那时候有个意大利人马可·波罗来过中国,他的游记里,十分推崇这座桥,说它是"世界上独一无二的",并且特别欣赏桥栏柱上刻的狮子,说它们"共同构成美丽的奇观"。在国内,这座桥也是历来为人们所称赞的。它地处入都要道,而且建筑优美,"卢沟晓月"很早就成为北京的胜景之一。

卢沟桥在我国人民反抗帝国主义侵略战争的历史上,也是值得纪念的。1937年7月7日中国军队在此抗击日本帝国主义的侵略,揭开了抗日战争的序幕。

为什么我国的石拱桥会有这样光辉的成就呢?首先,在于我国劳动人民的勤劳和智慧。他们制作石料的工艺极其精巧,能把石料切成整块大石碑,又能把石块雕刻成各种形象。在建筑技术上有很多创造,在起重吊装方面更有意想不到的办法。如福建漳州的江东桥,修建于八百年前，有的石梁一块就有二百来吨重，究竟是怎样安装上去的，至今还不完全知道。其次，我国石拱桥的设计施工有优良传统，建成的桥，用料省、结构巧、强度高。再其次，我国富有建筑用的各种石料，便于就地取材，这也为修造石桥提供了有利条件。

两千年来，我国修建了无数的石拱桥。解放后，全国大规模兴建起各种形式的公路桥与铁路桥，其中就有不少石拱桥。1961年，云南省建成了一座世界最长的独拱石桥，名叫"长虹大桥"，石拱长达112.5米。在传统的石拱桥的基础上，我们还造了大量的钢筋混凝土拱桥，其中"双曲拱桥"是我国劳动人民的新创造，是世界上所仅有的。近几年来，全国造了总长二十余万米的这种拱桥，其中最大的一孔，长达150米。我国桥梁事业的飞跃发展，表明了我国社会主义制度的无比优越。

南州六月荔枝丹

贾祖璋

《南州六月荔枝丹》是我国著名科普作家贾祖璋的作品，这篇文章准确、详实地说明了荔枝的果形、果实以及贮运，对荔枝的习性、产地、栽培史等做了一般性介绍，并对我国荔枝生产的未来充满了信心。《南州六月荔枝丹》多次被选入语文课本。

《南州六月荔枝丹》欣赏

贾祖璋（1901—1988年）是我国著名的科普作家。浙江海宁人。早在20世纪30年代，他就出版了《中国植物图鉴》等专著。他的《鸟类概论》于1931年出版，是我国最早的一部现代鸟类学著作。他创作了大量的科普作品，曾出版《鸟与文学》《动物珍话》《生活素描》《生物学碎锦》等。贾祖璋的科普作品大多以绚烂多彩的生物为写作对象，把丰富的科学知识、历史知识和文学知识融为一体，有着相当高的思想性、科学性、艺术性。

幼年时只知道荔枝干的壳和肉都是棕褐色的。上了小学，老师讲授白居易的《荔枝图序》，读到"壳如红缯，膜如紫绡，瓤肉莹白如冰雪，浆液甘酸如醴酪"，实在无法理解，荔枝哪里会是红色的！荔枝肉像冰雪那样洁白，不是更可怪吗？向老师提出疑问，老师也没有见过鲜荔枝，无法说明白，只好不了了之。假如是现在，老师纵然没有见过鲜荔枝，也可以找出科学的资料，给有点钻牛角尖的小学生解释明白吧。

白居易用比喻的笔法来描写荔枝的形态，的确也有不足之处。缯是丝织物，丝织物滑润，荔枝壳却是粗糙的。用果树学的术语来说，荔枝壳表面有细小的块状裂片，好像龟甲，特称龟裂片。裂片中央有突起部分，有的尖锐如刺，这叫作片峰。裂片大小疏密，片峰尖平，都因品种的不同而各异。

成熟的荔枝,大多数是深红色或紫色。生在树头,从远处当然看不清它壳面的构造,只有红色映入眼帘,因而把它比作"绛囊""红星""珊瑚珠",都很逼真。至于整株树以至成片树林,那就成为"飞焰欲横天""红云几万重"的绚丽景色了。荔枝的成熟,广东是四月下旬到七月,福建是六月下旬到八月,都以七月为盛期,"南州六月荔枝丹"指的是阴历六月,正当阳历七月。荔枝也有淡红色的,如广东产的"三月红"和"桂绿"等。又有黄荔,淡黄色而略带淡红。荔枝呈心脏形、卵圆形或圆形,通常蒂部大,顶端稍小。蒂部周围微微突起,称为果肩,有的一边高,一边低。顶端叫果顶,浑圆或尖圆。两侧从果顶到蒂部有一条沟,叫作缝合线,显隐随品种而不同。旧记载中还有一些稀奇的品种,如细长如指形的"龙牙"、圆小如珠的"珍珠",因为缺少经济价值,现在已经绝种了。

荔枝大小,通常是直径三四厘米,重十多克到二十多克。六十年代,广东调查得知,有鹅蛋荔和丁香大荔,重达四五十克。还有四川合江产的"楠木叶",《四川果树良种图谱》说它重十九克左右,《中国果树栽培学》则说大的重六十克。所谓"膜如紫绡",是指壳内紧贴壳内壁的白色薄膜。说它"如紫绡",是把壳内壁的花纹误作膜的花纹了。明代徐𤊹有一首《咏荔枝膜》诗,描写吃荔枝时把壳和膜扔在地上,好似"盈盈荷瓣风前落,片片桃花雨后娇",是夸张的说法。

荔枝的肉大多数白色半透明,说它"莹白如冰雪",完全正确。有的则微带黄色。从植物学的观点看,它不是果肉,而是种子外面的层膜发育而成的,应称作假种皮。真正的果肉倒是前面说的连同果壳扔掉的那一层膜。荔枝肉的细胞壁特别薄,所以入口一般都不留渣滓。味甜微酸,适宜于生食,有的纯甜,早熟品种则酸味较强。荔枝晒干或烘干,肉就成红褐色,完全失去洁白的面貌。

荔枝不耐贮藏,正如白居易说的:"一日而色变,二日而香变,三日而味变,四五日外,色香味尽去矣。"现经研究证实,温度保持在1℃到5℃,可贮藏三十天左右。还应进一步设法延长贮藏期,以利于长途运输,因为荔枝不耐贮藏,古代宫廷想吃荔枝,就要派人兼程飞骑从南方远送长安或洛阳,给人民造成许多痛苦。唐明皇为了宠幸杨贵妃,就干过这样的事,唐代杜牧诗云:"长安回望绣成堆,山顶千门次第开。一骑红尘妃子笑,无人知是荔枝来。"就是对这件事的嘲讽。

荔枝的核就是种子,长圆形,表面光滑,棕褐色,少数品种为绿色。优良的荔枝,种子发育不全,形状很小,有似丁香,也叫焦核。现在海南岛有无核荔枝,核就更加退化了。

荔枝花期是二月初到四月初,早晚随品种而不同。广东有双季荔枝,一年开花两次。又有四季荔枝,一年开花四次之多。花形小,绿白色或淡黄色,不耀眼。花分雌雄,仅极少数品种有完全花。雌雄花往往不同时开放,宜选择适当的品种混栽在一起,以增加授粉的机会。一个荔枝花序,生花可有一二千朵,但结实总在一百以下,所以有"荔枝十花一子"的谚语。荔枝花多,花期又长,是一种重要的蜜源植物。荔枝原产于我国,是我国的特产。海南岛和廉江有野生的荔枝林,可为我国是原产地的明证。据记载,南越王尉佗曾向汉高祖进贡荔枝,足见当时广东已有荔枝。它的栽培历史,就从那个时候算起,也已在两千年以上了。唐代对四川荔枝多有记述。自从蔡襄的《荔枝谱》(1059)成书以后,福建荔枝也为人所重视。广西和云南也产荔枝,却少有人说起。

古代讲荔枝的书,包括蔡襄的在内,现在知道的共有十三种,以记福建所产的为多,尚存八种,记载广东所产的仅存一种。清初陈鼎一谱,则对川、粤、闽三省所产都有记载。蔡谱不仅是我国,也是世界的果树志中著作年代最早的一部。内容包括荔枝的产地、生态、功用、加工、运销以及有关荔枝的史事,并记载了荔枝的三十二个品种。其中"陈紫"一种现在仍然广为栽培。"宋公荔枝"现名"宋家香",有老树一株,尚生长在莆田宋氏祠堂里,依然每年开花结实。这株千年古树更足珍惜。

荔枝是亚热带果树,性喜温暖,成都、福州是它生长的北限。汉武帝曾筑扶荔宫,把荔枝移植到长安,没有栽活,迁怒于养护的人,竟然对他们施以极刑。宋徽宗时,福建"以小株结实者置瓦器中,航海至阙下,移植宣和殿"。徽宗写诗吹嘘说:"密移造化出闽山,禁御新栽荔枝丹。"实际上不过当年成熟一次而已。明代文徵明有《新荔篇》诗,说常熟顾氏种活了几株,"仙人本是海山姿,从此江乡亦萌蘖。"但究竟活了多少年,并无下文。现在科学发达,使荔枝北移,将来也许不是完全不可有的事。

我国幅员广阔,不同地区有不同的特产。因地制宜,努力发展本地区的特产,是切合实际的做法。盛产荔枝的地区,应该大力发展荔枝的生产。苏轼有诗云:"罗浮山下四时春,卢橘杨梅次第新。日啖荔枝三百颗,不辞长作岭南人。"但日啖三百颗,究竟能有几人呢?社会主义现代化的荔枝生产,应该能够逐步满足广大人民的生活需要。

关于早期教育的几个问题

白振汉

早期教育,泛指从人出生到小学以前阶段的教育。早期教育是一个人一生中重要的教育之一,对人的身心成长与发展具有重要作用。作者在本文中指出了早期教育的关键,并提出了自己对发展早期教育的建议。

白振汉,1939年出生,山东青岛人,毕业于华东师范大学。先后在华东师范大学、青岛第四十七中学、青岛师范专科学校等学校任教。长期从事教育心理学与管理心理学研究,出版了《中小学生心理与教育》等图书。

早期教育的关键在于适时和恰当

很多家长在对孩子进行早期教育时,一是担心会损害孩子的健康,他们说:"孩子那么小,什么事也不懂,又是教育,又是训练,岂不把孩子累坏了?"二是担心白费精力,没有效用。家长们的担心不无道理,他们确实提出了一个原则性的问题——成熟和教育的关系。成熟是与生俱来的生长因素。它规定了个体在正常环境中发展的时间、顺序和方式。例如,婴儿动作的发展——三个月翻身、六个月坐稳、一年后会走,我们不能说这只是环境与教育的结果,这同样也是成熟的结果。成熟乃是学习的准备,有效的学习不能早于成熟。学习迟于成熟,错过了发展的关键期,会耽误孩子的成长。而学习早于成熟,不仅有损孩子的健康,而且也不会比适时学习的成绩更好。有人曾用十六名两岁零四个月的幼儿做实验,看他们爬楼梯的本领。将幼儿分成两个组,对甲组进行爬楼梯训练,而乙组不进行这种训练。十二周后,甲组爬楼梯的本领显著地优于乙组。但是,后来乙组只经过一周训练就赶上了甲组。实验说明,就爬楼梯这项技能来说,成熟前的训练,显然是一种浪费。此外,有不少人试图过早地训练孩子学会自己大小便,这种尝试总没有成功。各民族的习俗调查还发现,尽管有不少民族为使婴儿保暖和免于抓伤自己,把一岁前的孩子紧紧地裹在襁褓中,不准手、脚自由活动。但是,这些婴儿在被放开以后,只经过一个短时间,依然能和未受这种限制的婴儿同时开始走路,并且,这些民族中亦有不少世界著名的运动员和世界纪录创造者。以上实验和经验告诉我们:个体自身的成熟是在打基础,而教育是在这个基础上建造房屋,当孩子的成熟未为相适应的教育做好准备以前,有关的教育不能收到效果,也没有必要进行。

能不能提出一个适时的时间表

有人向心理学家提出这样的要求:请给我们一张时间表,告诉我们,孩子在什么时候可以接受什么样的教育,以便我们遵照施行。心理学家们很想做到这一点,但他们遇到了两个不可克服的困难。

第一,环境和教育尽管不能从根本上推翻成熟所规定好的发展时间表,但可以促进发展的速度,提高发展的质量。有人曾做过这样一个实验,他的实验设想是:一个新生儿一旦让他直立起来,使他的双脚接触地面,他就会做出像行走一样的腿的运动——行走反射。在通常情况下,行走反射要在出生后两个月时出现。如果人们有意识地尽早诱导出这种反射动作,孩子是否会更早地学会走路呢?据此,实验者在新生儿出生后的第二周就每天有意识地诱导行走反射十二分钟。果然,孩子在十个月零三天就学会了走,比一般孩子平均要早两个月。研究者认为,适时、恰当的教育和训练会有助于调整成熟所规定的发展时间表,它会给孩子一种胜任感。这对孩子的身心成长显然是十分有利的。由此看出,所谓成熟的准备并不是绝对的,真正适时的教育都应是"超前的"。但是,超到什么程度呢?心理学家们提出了"最近发展区"的概念。它告诉我们,孩子心理的发展是连续的,又是分阶段的,前一个阶段是对后一个阶段的准备,后一个阶段是前一个阶段的延续。各个阶段发展的速度和质量可以有所不同,但其顺序不会颠倒,也不能跳跃。这样,在一个儿童身上我们就可以区分出他已经达到的阶段和即将达到阶段,后者就是最近发展区。什么是适时、恰当的教育呢？基于当今的发展水平,并指向最近发展区的教育,就是适时、恰当的教育。

第二,在成熟的速度上,个体间有着很大的差异。孩子的年龄是相同的,但他们心理成熟的程度却会相距甚远。就群体而言,同是六岁的孩子,其心理成熟的准备情况实际上可能是三至十岁不等。就个体而言,随着学习内容的不同,其成熟的准备也可能有相当大的差异。例如,一位早慧的九岁儿童,文化学习已达到初中水平,而在日常交往和游戏爱好上却与同年龄的孩子无异,文化学习已达到,这就是因为他对两类活动的成熟准备存在着很大差异。

因此,如何安排孩子的教育和训练,使之与成熟的程度和速度相适应,需要教育者极为敏锐、精细的观察与判断。对于早熟者,把他们当作一般孩子来对待会耽误了他们。对于晚熟者,我们不能急于求成、丧失信心,而放弃教育的职责。大器也可能晚成！所以,对孩子进行早期教育时,万万不要盲目从事,应该既要掌握孩子的一般规律,又要掌握孩子发展的特殊性。只有这样,才能把握好施行教育的尺度,既不耽误孩子的发展,又不损害孩子的健康。

每个孩子都是独一无二的

每一个孩子都是独一无二的。现代遗传学、生物学和心理学早已证明,人类这个物种具有无限的多样性。古往今来,在我们这个世界上生存过的人已无法计算了,但从来没有过两个完全相同的人,将来也绝不会有。我们知道,个性的发展,不仅是遗传素质成熟的结果,也是后天环境与教育影响的结果。确切地说,是遗传、环境和教育交互作用的结果。先天的遗传已经使人各不相同,后天的环境和教育更是复杂多样。既然孩子都是独一无二的,那么我们的教育就要符合他们的天性。孩子不是一块黏土和俯首听命的附属品,可以任你塑造加工。教育者的责任乃是尽早地发现潜藏在孩子自身中的宝藏,尽早地使每个孩子在其天赋所及的一切领域都充分地表现自己,从而尽早地意识到自己的智慧和力量,树立起做人的自尊和自信,最终成长为社会主义建设事业的有用之才。我们进行早期教育的目的就在于这,艺术也是。

早期教育的几点建议

我们要对孩子进行早期教育,仅仅懂得儿童发展与教育的一般原理是不够的,还要研究早期教育的方法。关于早期教育的原则和方法,人们已做过许多论述。在此,我仅想提出如下的几点建议。

1. 始终对孩子抱着热切期望的态度

在幼儿的教育中,信心、期待和耐心是最为重要的。教育者丧失了对孩子的信心是最大的错误。在孩子的学习和成长上,如果我们认为孩子没有成功的希望,那么几乎可以肯定,他必然失败；如果我们热切地期望他成功,那么他就有可能成功。因为,对孩子来说,父母、老师的信任和期望是一种强大的精神力量,是他们精神上的支柱。我们当父母、老师的,一定要把这种力量赋予自己的孩子与学生,使他们具有顽强的进取心。

2. 使孩子尽早怀有成功感

过去,人们普遍认为,婴儿之所以能学会做某些事情,乃是由于他们的行为得到了外来奖赏的强化。现今,心理学的研究证明,对于婴儿来说,成功就是最好的强化。幼儿只要在学习上怀有成功感,就会接连不断地燃起学习的欲望。而成功感则是从一次次在学习上的成功获得的。因此,我们不论让幼儿学习什么,都要从简单的逐渐向高级的发展,让孩子始终体验到"成功了"的欢乐。这种成功感,乃是幼儿学习的根本动力,就是孩子长得大一些,教育者也要指导孩子做一些虽有一定困难,需要一定的努力,但客观上完全能够做好的作业。教育者要精确地估计孩子的技能,了解他的信心与力量有多强,不要让孩子屡遭挫折,不要取笑、斥责他的失败,而要理性地对待孩子的错误。

3. 不要做幼儿的监督者

幼儿是需要照顾、教育、管理的,但是,强迫幼儿做这做那,过多地干涉他的活动,则会把孩子变成缺乏创造性、唯唯诺诺的人。心理学研究证明,不仅是责罚,甚至奖赏都会减少幼儿活动的乐趣,降低其活动的积极性。实验者把孩子分成两组,告诉甲组:"好好画画,画得好可以得奖品。"后来确实不断地发给奖品。至于乙组,从来没提过奖品的事,只是提供纸笔让他们画。几天以后实验者让两组孩子自由地做出选择,或者画画,或者做别的游戏。结果是一再被奖品强化的甲组孩子主动选择画画的人数远较乙组少,画的质量也较乙组差。这个实验说明,以一种外在的奖品作为某种活动的奖赏来提高活动的积极性,其结果正相反:当没有奖赏时,儿童便不再像以前那样喜爱这种活动了,他们自觉地、无拘无束地进行活动的乐趣降低甚至消失了。这是为什么呢?原来幼儿的教育需要教师,而不需要过多地干涉他们活动的监督者。

4. 把学习和游戏融为一体

对于儿童来说,游戏就是生活。但如果对此不管不问,放任自流,孩子的能力就不会得到充分的发展。因此,正确的做法应该是把学习和游戏融为一体。在引导孩子进行学习游戏时,我们要注意:第一,不能强迫。所谓游戏,就是欢乐而有趣的、生动活泼的自发性活动。被强迫着做的事,不会带来欢乐,这就不是游戏。第二,要和孩子同欢乐,并且要把愉悦的心绪表现在行动中创造出使孩子愿意继续游戏下去的气氛。第三,当孩子玩得好,大人要表现出惊奇、欢乐的神态,并给予鼓励。儿童受到鼓励会情绪倍增,热情高涨,把十分的能力发挥到十二分。第四,一旦孩子的兴趣转移了,决不要勉强他们继续做。因为幼儿注意集中的时间很短。孩子兴趣转移了,就说明他厌烦了,勉强是无益有害的。第五,正确的答案决不要轻易告诉孩子,应该激发、诱导他反复思考,自己去寻找答案。当然,必要的提示还是应该的。最后,不要忘记孩子发展上的个别差异。当孩子感到困难时,不要急于求成,不要丧失信心;当发现孩子表现出某种突出的才能时,则要大胆引导,加大学习游戏的难度,让这种才能尽快地发展起来。

思考练习

一、为了确定说明的顺序,应该先搞清楚说明对象的内部联系,把说明对象的各个部分加以分析、分解。如果被分析、分解后的各个部分之间是并列的关系,那就应该采用由总到分,或由分到总的顺序;如果是有先有后、有主有次的关系,则应按先后、主次的顺序;如果是进层的关系,那就应该采用层层递进的顺序。

从整体看,本篇课文采用层层递进的顺序;有的段落内部则是采用由主到次的顺序。仔细阅读这篇课文,列出全文结构提纲,并说明第二段和第四段内部各层次是按什么顺序来说明的。

二、为了说明抽象的事理,常常运用举例的方法。举例说明时,有的先举事例,后讲道理;有的先讲道理,后举事例。分析课文的第一段,看看作者举了哪些事例来说明道理,说明了什么道理?

三、结合课文,解释下列词语的意思。

环境　遗传　教育　早慧　天赋　诱导　唯唯诺诺　放任自流　创造性激发

中国的人口①

宋　健　于景元

改革开放之初,各种西方思潮涌入中国。被称为"老三论"的信息论、系统论、控制论这时也逐渐被国内学者掌握和运用。其中,宋健等人还把控制理论应用于我国人口问题的研究,于是有了《人口控制论》一书的问世(本文即选自此书)。书中洋溢着20世纪80年代中国人崇尚科学、崇尚理性的气氛,在叙述枯燥的数学公式的同时配有大量的文字解说,从地球、人类的起源讲到工业社会以来,人类对自然资源的掠夺性开采和对生态环境的破坏。这使我们充分意识到,人类在征服自然过程中可能遭遇到的自然界的无情的报复。

宋健,1931年出生,山东荣成人,控制论、系统工程和航空航天技术专家,中国科学院院士、中国工程院院士、美国国家工程院外籍院士、中国人民政治协商会议第九届全国委员会副主席。宋健先后从事最优控制系统理论、分布参数控制理论、人口控制论、"夏商周"断代工程等方面的研究。

于景元,1937年出生,黑龙江肇东市人,系统科学家、数学家,国务院学位委员。于景元长期跟随钱学森院士从事系统科学研究,在控制论、系统工程、系统科学的理论及其应用等领域进行了许多研究工作。

对于现代的中国来说,生存空间的限制已成为决定社会生活条件的最基本因素之一,虽然在不久以前人们还未曾意识到这一点。在五千多年的文明历史上,在这约960万平方公里的土地上,中华民族曾经创造过光辉灿烂的文化,发生过许多威武雄壮和可歌可泣的历史性事

---

① 选自《人口控制论》(科学出版社,1985年版),稍有改动。

件。地大物博和人口众多曾经使人们引为自豪。中国近代革命家孙中山先生曾把人口众多这一因素看成为抵抗外国侵略和保持民族生存的最终法宝,他说:"中国是全世界气候最温和的地方,物产顶丰富的地方,各国人之所以一时不能来吞并,是由于他们的人口和中国的人口比较,还是太少。到一百年以后,如果我们的人口不增加,他们的人口增加到很多,他们使用多数来征服少数,一定要吞并中国。到了那个时候,中国不但要失去主权,要亡国,中国人并且要被他们民族所消化,还要灭种。"①这是半个世纪以前中国的资产阶级革命家所持有的具有代表性的观点。在革命战争年代,革命家们和人民都为推翻统治者和抵御外国侵略者而奋斗,人口众多和兵员充足是取得革命斗争胜利的必要条件,人们自然不会想到需要控制人口的增长,这是完全可以理解的。

在中国五千年的文明史中,历代皇帝大都实行鼓励生育、增加人口的政策。古代多数思想家强烈地主张增加人口。春秋时代的政治家管仲说:"地大国富,人众兵强,此霸王之本也。"春秋末期的孔丘主张人口应该多,而且主张早婚,男子二十岁应娶,女子十五岁应嫁。墨翟认为应该加速人口增长,也提倡早婚。孟轲提出"不孝有三,无后为大"。商鞅更主张招徕②外国人口和鼓励人人迁。唯有韩非虽不主张减少人口,他看到人口的增加必须同时增加物质财富的生产,还要实行法治。据估计,当时中国人口总数只有数千万。在那地大人少、战争不断的时代,鼓励人口的增加是保证一个民族能够生存下去并且兴旺发达起来的绝对必要的措施。只有到了清朝,中华民族的人口大幅度增长,从1644年到1911年的二百六十多年间,人口从六千万猛增到四亿以上,这才引起了知识界严重关注。在英国马尔萨斯的"人口论"传入中国以前,清代的文学家洪亮吉对人口的急剧增长表示了深切的忧虑。他说:"视三十年以前增五倍焉,视六十年前增十倍焉,视百年百数十年以前,不啻③增二十倍焉。……为农者十倍于前而田不加增,为商贾者十倍于前而货不加增……"故田与屋之数常处其不足,而户与口之数常处其有余。洪亮吉看到在这种情况下,一遇天灾人祸,社会必将动乱不安,于是提出开垦荒地、制止兼并、开仓济贫等措施,以求社会之安定。洪亮吉和马尔萨斯是同代人,他和后者的"瘟疫、战争解决问题"的残酷无情相反,提出了一系列合乎人道主义的办法去解决人口问题,不能不说是一大进步。后来,清道光年间的汪士铎更提出避孕、晚婚、提倡妇女只生一个孩子,对多胎者增税等办法。

清朝末期和民国初年,中国人口急剧增长的趋势继续发展,又有一大批社会学家竭力主张控制人口增长。陈长蘅于1918年出版了《中国人口论》一书,系统地论述了控制人口增长的必要性,他提出:"一国人口之增加,若毫无人为的限制,则终必致食物缺乏而受天然的裁制④。"陈达在1935年出版的《人口问题》一书中提出:"一国的人数,不令在任何时期,不可超过该国的天然富源。"顾孟余于1920年在《新青年》杂志上发表了《人口问题,社会问题锁钥》的论文,

---

① 见《三民主义·民族主义》(《孙中山选集》第629页,人民出版社,1956年版)。
② 招徕:招揽。
③ 不啻(chì):不只,不止。
④ 裁制:制裁,惩罚。

提出"无论改革政治或改革社会,务必同时从根本上打破那造成人满的宗教伦理,改铸那造成人满的风格。"当然,我们不能期望这些古人对人口问题的论述会完全符合今天的科学理论,但这说明了清朝人口的急剧增长已经引起了人们的关注。

追溯①中国古代和近代人口数量的变化对了解人口数量和大自然之间的关系是极有意义的。准确地和系统地列出历史上各时期的人口数量变化是极为困难的事,虽然在古代文献中有时能找到四千年间的人口数量零星记载。下表列出了中国从西汉到1982年人口数量变化的概况。

两千年来中国人口数量变化情况表

时代或年代	人口数量
西汉(公元前200年)	最多达到6 000万
东汉(156年)	5 000万
三国(220—280年)	1 600万
隋朝(606年)	4 600万
唐朝(742年)	4 800万
宋朝(1110年)	4 670万
明朝(1303年)	6 050万
清朝(1661年)	2 100万
清朝(1757年)	1.9亿
清朝(1901年)	4.26亿
民国(1928年)	4.74亿
1949年	5.48亿
1953年(普查)	6.02亿
1955年	6.15亿
1960年	6.62亿
1965年(普查)	7.25亿
1970年	8.25亿
1975年	9.20亿
1980年	9.83亿
1982年(普查)	10.32亿

---

① 追溯:往上推求或回想。溯:逆着水流的方向走。

从表列数据可以看到,在清朝以前一千五百年的长时期内,中华民族的人口数量始终徘徊在几千万,最多没有超过 7 000 万。但是从清朝以来的三百年间,人口数量猛增。从明朝(1303 年)的 6 050 万,经过四百五十多年,到清朝的 1757 年近 2 亿。此后增长速度更快了,大略地说:1900 年为 4 亿,1954 年为 6 亿,1970 年已为 8 亿,1982 年为 10 亿。中华民族从"北京人"时代算起,经历了几十万年,到 1760 年发展到 2 亿人口。此后每增加 2 亿人口的时间间隔为一百四十年、五十四、十六年和十二年,绝对增长速度越来越快。(近二千年来中国人口增长趋势见下图。)

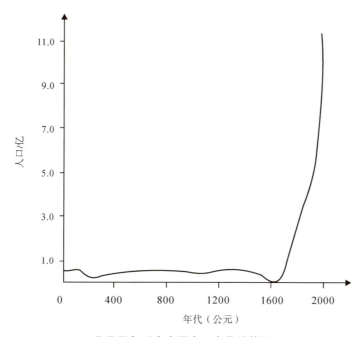

公元元年以来中国人口变化趋势图

1983 年 4 月,中国计划生育委员会发表了 1982 年全国千分之一人口生育率抽样调查公报。公报宣布了过去几十年内育龄妇女平均生育子女数的抽样统计结果,在人口学中称为总和生育率。统计表明,在四十年代平均每位女性一生内生育 5.44 个子女,五十年代增到 5.87 个,六十年代为 5.68 个,七十年代降为 4.01 个。不难理解,平均每位妇女生育 5 至 6 个子女,新中国成立后儿童死亡率又大为降低,这二者就是近三十年来中国人口几乎增长了一倍的根本原因。1970 年以来,当中国人口已超过 8 亿时,在周恩来总理的直接倡导下,政府制定了控制人口增长的方针政策和措施。在这项政策的影响下,妇女平均生育率(即总和生育率)逐年下降,1975 年已降到 3.75 左右,1978 年约为 2.72,1980 年为 2.24,1981 年又回升为 2.63。这样,七十年代后期,人口大幅度增长的趋势已有所改变。进入八十年代以后,中央又明确地提出除少数民族地区以外的全国范围内普遍提倡每对夫妇只生一个孩子,严格控制两胎,坚决杜绝三胎和多胎的人口政策,并且在少数民族地区也要提倡计划生育。这项政策的贯彻执行将从根本上扭转中华民族近四百年来人口急剧增长的趋势,可望于今后五十年内使人口数量稳定在 15 亿以内。这是中华民族整个历史上一次伟大的转变,是从人口的自发增长过渡到有计划的控制人口增长的伟大转变。

在今后几十年内,中国的人口数量的增长将是不可避免的。由于现在人口已过10亿,育龄人口和将要进入育龄的人口占一半以上(据计划生育委员会的统计,1982年,15岁到49岁的育龄妇女为2.48亿),即便从现在起,每对夫妇只生一个孩子,人口总数还要持续增长二十几年。如果今后平均生育率长期保持在1.5左右,那么人口将持续增长四十年,达到12亿左右才能停止增长。如果今后全国平均生育保持为2.0,则人口将增长七十年,到16亿左右才能停止。还有一个令人生畏的预测数据是,假若我们不能把平均生育率降下来,而在1981年的2.63基础继续回升到3.0,那么人口增长的趋势永远不会停止。一百年后中华民族的人口将增长到43亿,差不多等于现在世界人口的总和。

本世纪五十年代末期,在人口学方面发生的不幸事件值得我们和我们的后代永远引以为戒。1953年全国人口普查发现中华民族的人口已超过6亿。以马寅初先生为首的一批经济学家和人口学家以赤诚之心,善意地提议采取措施控制人口的增长,以求顺利地进行社会主义建设。他们正确地指出,人口过快的增长与经济发展可能出现一系列的矛盾:人口过快增长会影响资金的积累,会影响劳动生产率的提高,会影响人民生活的改善,会影响科学技术的进步。他们的科学建议当时没有为社会所接受,反而受到极不公平的待遇,结果导致了人口的进一步猛增,到1975年人口已增长到9.2亿。直到1976年以后,人们才开始觉醒,纠正了五十年代末期的错误,可是已经造成了短期内难以挽回的后果。由于人口变化过程缓慢,要想恢复到五十年代后期的人口状态,需要以后花费五十至七十年的努力才能奏效。

一、本文的中心思想是什么?谈谈你对中国人口的认识。

二、本文运用了多种说明方法,其中用得最多的是哪两种?这两种说明方法在文中的运用取得了什么效果?

打开知识宝库的钥匙——书目

陈宏天

这是一篇介绍书目常识的说明文,作者说明了书目的性质、作用、种类和使用,对于我们利用书目打开知识宝库大门有切实的帮助。目录学是一门有着悠久历史和专门内容的科学。本文运用通俗明白的语言把一些专门知识讲得简要易懂,如下定义时,尽量不用艰深的术语。对于丰富的书目内容,又按照一定的标准分类说明。通过学习这篇文章,要提高对于书目重要性的认识,也可以初步了解一些使用书目的方法,学以致用,指导自己的实践。

上篇　说明文

作者链接

陈宏天，辽宁省旅顺市人。1959—1962年在北京大学中文系古典文献专业学习，后在北京大学任教。著有目录学专著《中国历代的类书》《语文工具书浅说》等。

古人常用"汗牛充栋"之类的成语形容藏书的丰富，意思是书籍非常多，如果堆放在屋子里，会高达栋梁，如果用车子搬运，会累得牛浑身出汗。今天看来，这当然算不了什么啦。现在一些大型图书馆的藏书多到几十万册、几百万册，堆积起来简直会成为一座座的山。

这样多的书刊，如果没有一种科学的方法掌握它，要找到一部自己需要的书，岂不是大海捞针吗？为了查找方便，就需要编制图书目录。一般图书馆或资料室都备有各种卡片箱，里面盛着目录卡片（分类卡片、书名卡片、著者卡片），供人查找。不过，这只是图书目录的一种形式，人们称它为"卡片式目录"。另外还有编成书本形式的，人们称它为"书本式目录"，或"簿式目录"。这种书目便于流传、翻阅和保存，所以应用的范围更广泛。

图书目录简称书目，是一种记录书名、著者、出版情况和收藏情况、按照一定的顺序编排、供人们查找的工具书。有些书目还有书的内容提要、并告诉读者研究什么问题应该读哪些书，以及阅读时应该选择什么样的版本等。这种书目对于读书治学是一种指示门径的标志。

研究怎样编制书目、怎样利用书目的学问，是目录学。古今中外，许多大学问家都十分重视目录学，认为目录学是读书治学的入门之学，是基础知识。清代学者王鸣盛说："目录之学，学中第一要紧事，必从此问途，方能得其门而入。"目录学专家张之洞也说："读书不知要领，劳而无功；知某书宜读而不得精校精注本，事倍功半。"这些都是十分中肯的话。读书必须用目录学作指导，否则很可能走弯路。16世纪末欧洲目录学兴起的时候，许多学者都认为图书目录是一种非常得力的工具。他们盛赞它是"引出知识迷宫的线索"，"打开一切科学宝库的钥匙"，给它以极高的地位。革命导师列宁也十分重视书目。在十月革命前，他被流放在西伯利亚地区时，为研究革命理论，曾多次写信向亲友要各种书目，希望他们尽可能向旧书商、图书馆和书店要些书目寄给他。中国文化革命主将鲁迅善于利用各种书目，还编过多种书目。许寿裳的儿子许世瑛考入清华大学中文系，请鲁迅指导读书，鲁迅给了他一个书单。可见初学者是多么需要了解有关的书目。书目在我国有悠久的历史，远在西汉时期就出现了正式的完整的书目。

自汉代以后，历代官修史书，都要撰写书目，反映藏书的情况。清代编著出规模宏大的书目《四库全书总目提要》和《四库全书简明目录》。宋元以后版刻书籍盛行，私人藏书家也多起来了，许多藏书家把自己的藏书编成书目，流传于世。这种私人藏书书目数量很多，是对官修书目和史志目录的补充。

现代书目的种类很多，按著录的范围、内容、方式来说有国家书目、馆藏书目、联合书目、专题文献书目、个人著述书目以及书目的书目等多种形式。

国家书目反映一个国家在某一时期内收藏或出版图书的情况。如《全国总书目》按年度收录我国各出版社出版的新华书店公开发行的图书，《全国新书目》每月出版一本，及时向读者报道全国最新出版的图书。

45

馆藏书目反映一个图书馆藏书的情况，如《北京图书馆善本书目》。联合书目反映几个图书馆藏书的情况，如《全国中文期刊联合书目》《全国丛书综录》等。这种书目可以告诉我们某一种书刊见于何处，藏于何馆，便于查找借阅。

专题文献书目，又叫种类书目、学术书目，专记某一类或某一方面情况的书刊，供研究参考。如《红楼梦研究编目》《全国地方志综录》《物理学图书目录》等。有一种专门指导读书的专题书目，帮助读者选择书籍，并给予读者学习上的指导，是很值得留意的。

个人著述书目收录某人全部著述或兼收别人研究这个人著作的图书文献，如《鲁迅研究资料编目》。

书目的书目是收录图书目录的书目，反映书目的编撰或收藏情况，如《书目长编》。

书目的种类繁多，不能尽举。书目的分类、内容、体例以及用途也各有不同。怎样才能熟练地使用书目？要有汉字排检知识和图书分类知识。有了这两门知识就能够使用各种书目。下面举例谈谈几种书目的使用。例如，到图书馆要借阅一本小说，只知道书名，就从书名卡片中查找；记不清书名，知道这本书的著作者，就从著作者卡片中查找；记不清书名又不知道著作者，那就从分类卡片中查找。再如，研究某一专题，最好查找有关的专题书目。要研究明清小说，可以查阅《中国通俗小说书目》。要查列宁写的《伟大的创举》在《列宁全集》的卷次、页码，查《列宁全集1—39卷目录》，很快就可以查到。要查鲁迅的杂文《再论雷峰塔的倒掉》在《鲁迅全集》的哪一卷，从《鲁迅著作索引》里也很快就可以查到。

如果想对中国古代史料有一个初步的了解，可以参阅《四库全书简明目录》（1957年古典文学出版社出版了铅印本，此目录包括经、史、子、集）、《书目答问补正》（清代张之洞撰，范希曾补正，1963年中华书局出版了铅印本）史部的有关部分。这两种书目不仅说明了有哪些史籍、它们的大体内容怎样，而且指出哪些是重要的，选择什么样的版本为好。另外还可以参考《中国历史要籍介绍》（张舜徽编著，1955年由湖北人民出版社出版），《中国历史要籍介绍及选读》（郝建梁、班书阁编著，1957年由高等教育出版社出版）。这两部书用通俗简明的语言介绍了中国历史的重要史籍，最便于初学，可以看作学习中国古代史的入门书。

如果想了解一下外国哲学、社会科学名著的情况，可以读一读《西方名著提要（哲学、社会科学部分）》（英国汉默顿编著，何宁翻译，1957年由中国青年出版社出版）。此书选收从柏拉图[①]、亚里士多德[②]直到康德[③]、黑格尔[④]等28位学者的36部名著，每部都有较详细的内容提

[①] 柏拉图（公元前427—前347）：古代希腊客观唯心主义哲学家。

[②] 亚里士多德（公元前384—前322）：古代希腊哲学家、科学家，是古代希腊哲学家中最博学的人物。他不仅是形式逻辑的奠基人，而且研究了辩证思维的最基本的形式。在哲学问题上，他常摇摆于唯物主义和唯心主义之间。

[③] 康德（1724—1804年）：德国哲学家，德国古典唯心主义理论的创始人。他提出关于太阳系起源于星云的假说，这对主张宇宙一成不变的形而上学是一个打击。他在哲学上企图调和唯物主义和唯心主义，反映了当时德国资产阶级的两面性和妥协性。

[④] 黑格尔（1770—1831年）：德国哲学家，德国古典唯心主义的集大成者。他的哲学体系是保守的，而他的辩证方法本质上是革命。黑格尔哲学的精华，主要包含在他的逻辑学中。马克思和恩格斯在革命实践的基础上，批判地吸取了黑格尔辩证法中的"合理内核"，摒弃了它的唯心主义的外壳，加以革命的改造，创造了唯物辩证法。黑格尔哲学是马克思哲学的理论来源之一。

要、著者的生平介绍,从中可以获得这方面的基础知识。

深入研究某一理论问题,需要请教革命导师,直接翻阅《马克思恩格斯全集》或《列宁全集》费时费力,如果利用《马克思恩格斯全集目录》或《列宁全集目录》,并配合使用各种主题索引,那一定会省时省力。

书目用途很多,它是能够帮助人们打开各种知识宝库大门的钥匙。但是,进入大门并不等于升堂入室,想要真正获得各种知识,还必须付出辛勤的劳动。

苏州园林

叶圣陶

苏州古典园林,亦称"苏州园林",是位于江苏省苏州市境内的中国古典园林的总称。苏州素有"园林之城"的美誉,苏州境内私家园林始建于公元前6世纪,清末时城内外有园170多处,现存50多处。1997年,苏州古典园林中的拙政园、留园、网师园和环秀山庄被列入世界文化遗产名录;2000年,沧浪亭、狮子林、耦园、艺圃和退思园作为苏州古典园林的扩展项目也被列为世界文化遗产。

苏州古典园林宅园合一,可赏,可游,可居。这种建筑形态的形成,是在人口密集和缺乏自然风光的城市中,人类依恋自然、追求与自然和谐相处、美化和完善自身居住环境的一种创造。苏州古典园林所蕴含的中华哲学、历史、人文习俗是江南人文历史传统、地方风俗的一种象征和浓缩,展现了中国文化的精华,在世界造园史上具有独特的历史地位和重大的艺术价值。以拙政园、留园为代表的苏州古典园林被誉为"咫尺之内再造乾坤",是中华园林文化的翘楚和骄傲。

叶圣陶,原名叶绍钧、字秉臣、圣陶,1894年10月28日生于江苏苏州,现代作家、教育家、文学出版家和社会活动家,有"优秀的语言艺术家"之称。

1907年,考入草桥中学。1916年,进上海商务印书馆附设尚公学校执教,推出第一个童话故事《稻草人》。1918年,发表第一篇白话小说《春宴琐谭》。1923年,发表长篇小说《倪焕之》。1949年后,先后出任教育部副部长、人民教育出版社社长和总编、中华全国文学艺术界联合委员会委员、中国作家协会顾问、中央文史研究馆馆长、中华人民共和国全国政协副主席等职。1988年2月16日在北京逝世,享年94岁。

苏州园林据说有一百多处,我到过的不过十多处。其他地方的园林我也到过一些。倘若要我说说总的印象,我觉得苏州园林是我国各地园林的标本,各地园林或多或少都受到苏州园林的影响。因此,谁如果要鉴赏我国的园林,苏州园林就不该错过。

  设计者和匠师们因地制宜,自出心裁,修建成功的园林当然个个不同。可是苏州各个园林在不同之中有个共同点,似乎设计者和匠师们一致追求的是:务必使游览者无论站在哪个点上,眼前总是一幅完美的图画。为了达到这个目的,他们讲究亭台轩榭的布局,讲究假山池沼的配合,讲究花草树木的映衬,讲究近景远景的层次。总之,一切都要为构成完美的图画而存在,绝不容许有欠美伤美的败笔。他们唯愿游览者得到"如在画图中"的美感,而他们的成绩实现了他们的愿望,游览者来到园里,没有一个不心里想着、口头说着"如在画图中"的。

  我国的建筑,从古代的宫殿到近代的一般住房,绝大部分是对称的,左边怎么样,右边也怎么样。苏州园林可绝不讲究对称,好像故意避免似的。东边有了一个亭子或者一道回廊,西边绝不会来一个同样的亭子或者一道同样的回廊。这是为什么?我想,用图画来比方,对称的建筑是图案画,不是美术画,而园林是美术画,美术画要求自然之趣,是不讲究对称的。

  苏州园林里都有假山和池沼。假山的堆叠,可以说是一项艺术而不仅是技术。或者是重峦叠嶂,或者是几座小山配合着竹子花木,全在乎设计者和匠师们生平多阅历,胸中有丘壑,才能使游览者攀登的时候忘却苏州城市,只觉得身在山间。至于池沼,大多引用活水。有些园林池沼宽敞,就把池沼作为全园的中心,其他景物配合着布置。水面假如成河道模样,往往安排桥梁。假如安排两座以上的桥梁,那就一座一个样,绝不雷同。池沼或河道的边沿很少砌齐整的石岸,总是高低屈曲任其自然。还在那儿布置几块玲珑的石头,或者种些花草;这也是为了取得从各个角度看都成一幅画的效果。池沼里养着金鱼或各色鲤鱼,夏秋季节荷花或睡莲开放,游览者看"鱼戏莲叶间",又是入画的一景。

  苏州园林栽种和修剪树木也着眼在画意。高树与低树俯仰生姿。落叶树与常绿树相间,花时不同的多种花树相间,这就一年四季不感到寂寞。没有修剪得像宝塔那样的松柏,没有阅兵式似的道旁树;因为依据中国画的审美观点看,这是不足取的。有几个园里有古老的藤萝,盘曲嶙峋的枝干就是一幅好画。开花的时候满眼的珠光宝气,使游览者感到无限的繁华和欢悦,可是没法说出来。

  游览苏州园林必然会注意到花墙和廊子。有墙壁隔着,有廊子界着,层次多了,景致就见得深了。可是墙壁上有砖砌的各式镂空图案,廊子大多是两边无所依傍的,实际是隔而不隔,界而未界,因而更增加了景致的深度。有几个园林还在适当的位置装上一面大镜子,层次就更多了,几乎可以说把整个园林翻了一番。

  游览者必然也不会忽略另外一点,就是苏州园林在每一个角落都注意图画美。阶砌旁边栽几丛书带草。墙上蔓延着爬山虎或者蔷薇木香。如果开窗正对着白色墙壁,太单调了,给补上几竿竹子或几棵芭蕉。诸如此类,无非要游览者即使就极小范围的局部看,也能得到美的享受。

  苏州园林里的门和窗,图案设计和雕镂琢磨功夫都是工艺美术的上品。大致说来,那些门和窗尽量工细而绝不庸俗,即使简朴而别具匠心。四扇,八扇,十二扇,综合起来看,谁都要赞叹这是高度的图案美。摄影家挺喜欢这些门和窗,他们斟酌着光和影,摄成称心满意的照片。

  苏州园林与北京的园林不同,极少使用彩绘。梁和柱子以及门窗栏杆大多漆广漆,那是不刺眼的颜色。墙壁白色。有些室内墙壁下半截铺水磨方砖,淡灰色和白色对称。屋瓦和檐漏一律淡灰色。这些颜色与草木的绿色配合,引起人们安静闲适的感觉。花开时节,更显得各种花明艳照眼。

可以说的当然不止以上这些,这里不再多写了。

思考练习

一、本文有哪些说明方法?谈谈有什么效果?

二、其中哪种说明方法用得最多?

三、本文的中心思想是什么?

大自然的语言

竺可桢

学习提示

这是一篇介绍物候学知识的科普文章。对于一般读者,尤其是科学知识储备较少的读者来说,物候学不是一门容易懂得的科学。本文正是写给这样的读者的。

作者充分考虑读者对象,采取以下策略。一是把抽象的事物尽量形象化,把丰富的、不易理解的物候现象比作"大自然的语言",使读者容易接受。文章取名"大自然的语言",本身表明这是一篇寓抽象于形象的科普文章。二是在行文中尽量少用专业术语,而用大众都能理解的词句来表达,并在阐述每一个问题时都有举例,把物候学知识介绍得一清二楚,便于读者掌握。三是运用大量的优美词语、描写性语句和修辞手法,使本来枯燥的事物变得生动形象。总之,这是一篇科学性、知识性和趣味性很强的科普佳作。

本文从一年四季丰富的物候现象写起,然后第2、3段点题,指出大自然的语言就是物候。第4、5段说明物候对于农业的重要性。第6~10段写物候现象出现的决定因素。用"首先"突出主要因素,其影响程度由大到小依次排列,很有条理。第11、12段说明物候学的意义。

学习本文一要了解物候现象有关知识。二要学习条理分明的说明。三要学习概括文章的要点。四要学习准确、生动、简洁的语言。

作者链接

竺可桢(1890—1974年),字藕舫,浙江省绍兴县东关镇人,中国科学院院士,中国近代气象学家、地理学家、教育家,中国近代地理学和气象学的奠基者,曾任浙江大学校长。他是中国物候学的创始人,研究中国气候的形成、特点、区划及变迁等,对地理学和自然科学史也有深刻的研究。

立春过后,大地渐渐从沉睡中苏醒过来。冰雪融化,草木萌发,各种花次第开放。再过两个月,燕子翩然归来。不久,布谷鸟也来了。于是转入炎热的夏季,这是植物孕育果实的时期。

49

到了秋天,果实成熟,植物的叶子渐渐变黄,在秋风中簌簌地落下来。北雁南飞,活跃在田间草际的昆虫也都销声匿迹。到处呈现一片衰草连天的景象,准备迎接风雪载途的寒冬。在地球上温带和亚热带区域里,年年如是,周而复始。

几千年来,劳动人民注意了草木荣枯、候鸟去来等自然现象同气候的关系,据以安排农事。杏花开了,就好像大自然在传语要赶快耕地;桃花开了,又好像在暗示要赶快种谷子。布谷鸟开始唱歌,劳动人民懂得它在唱什么;"阿公阿婆,割麦插禾。"这样看来,花香鸟语,草长莺飞,都是大自然的语言。

这些自然现象,我国古代劳动人民称它为物候。物候知识在我国起源很早。古代流传下来的许多农谚就包含了丰富的物候知识。到了近代,利用物候知识来研究农业生产,已经发展为一门科学,就是物候学。物候学记录植物的生长荣枯,动物的养育往来,如桃花开、燕子来等自然现象,从而了解随着时节推移的气候变化和这种变化对动植物的影响。

物候观测使用的是"活的仪器",是活生生的生物。它比气象仪器复杂得多,灵敏得多。物候观测的数据反映气温、湿度等气候条件的综合,也反映气候条件对于生物的影响。应用在农事活动里,比较简便,容易掌握。物候对于农业的重要性就在这里。下面是一个例子。

北京的物候记录,1962年的山桃、杏花、苹果、榆叶梅、西府海棠、丁香、刺槐的花期比1961年迟十天左右,比1960年迟五六天。根据这些物候观测资料,可以判断北京地区1962年农业季节来得较晚。而那年春初种的花生等作物仍然是按照往年日期播种的,结果受到低温的损害。如果能注意到物候延迟,选择适宜的播种日期,这种损失就可能避免。

物候现象的来临决定于哪些因素呢?

首先是纬度。越往北桃花开得越迟,候鸟也来得越晚。值得指出的是物候现象南北差异的日数因季节的差别而不同。我国大陆性气候显著,冬冷夏热。冬季南北温度悬殊,夏季却相差不大。在春天,早春跟晚春也不相同。如在早春三四月间,南京桃花要比北京早开20天,但是到晚春五月初,南京刺槐开花只比北京早10天。所以在华北常感觉到春季短促,冬天结束,夏天就到了。

经度的差异是影响物候的第二个因素。凡是近海的地方,比同纬度的内陆,冬天温和,春天反而寒冷。所以沿海地区的春天的来临比内陆要迟若干天。如大连纬度在北京以南约1°,但是在大连,连翘和榆叶梅的盛开都比北京要迟一个星期。又如济南苹果开花在四月中或谷雨节,烟台要到立夏。两地纬度相差无几,因为烟台靠海,春天便来得迟了。

影响物候的第三个因素是高下的差异。植物的抽青、开花等物候现象在春夏两季越往高处越迟,而到秋天乔木的落叶则越往高处越早。不过研究这个因素要考虑到特殊的情况。例如秋冬之交,天气晴朗的空中,在一定高度上气温反比低处高。这叫逆温层。由于冷空气比较重,在无风的夜晚,冷空气便向低处流。这种现象在山地秋冬两季,特别是这两季的早晨,极为显著,常会发现山脚有霜而山腰反无霜。在华南丘陵区把热带作物引种在山腰很成功,在山脚反不适宜,就是这个道理。

此外,物候现象来临的迟早还有古今的差异。根据英国南部物候的一种长期记录,拿1741到1750年十年平均的春初七种乔木抽青和开花日期同1921到1930年十年的平均值相比较,可以看出后者比前者早九天。就是说,春天提前九天。

物候学这门科学接近生物学中的生态学和气象学中的农业气象学。物候学的研究首先是为了预报农时,选择播种日期。此外还有多方面的意义。物候资料对于安排农作物区划,确定造林和采集树木种子的日期,很有参考价值,还可以利用来引种植物到物候条件相同的地区,也可以利用来避免或减轻害虫的侵害。我国有很大面积的山区土地可以耕种,而山区的气候、土壤对农作物的适应情况,有很多地方还有待调查。为了便利山区的农业发展,开展山区物候观测是必要的。

物候学是关系到农业丰产的科学,我们要进一步加强物候观测,懂得大自然的语言,争取农业更大的丰收。

  思考练习

一、结合第四段的内容,说说"物候对于农业的重要性就在这里"中的"这里"具体指的是什么?

二、阅读第七段,请具体说说本段是按什么顺序进行说明的。

景泰蓝的制作[①]

叶圣陶

《景泰蓝的制作》是一篇旨在介绍我国传统的特殊烧瓷工艺——景泰蓝的制作过程的文章。标题显示本文所要说明的对象是"景泰蓝",所要说明的中心内容是"制作"的步骤及特点。文章以制胎、掐丝、点蓝、烧蓝、打磨和镀金的制作过程为顺序进行说明,既符合生产工序,也符合人们的认识规律。

文章对景泰蓝制作工序的介绍有详有略。掐丝、点蓝两道工序最复杂、最精细,是决定景泰蓝质量的关键,也是景泰蓝制作所特有的工序,因此详写;其他工序不是景泰蓝所特有的,又比较简单,所以略写。为了使读者易于理解,作者综合运用了举例子、打比方、作比较、列数字等说明方法,对繁复的工艺过程做了深入浅出的讲解。学习时注意体会以上特点。

叶圣陶(1894—1988年),原名叶绍钧,现代著名作家,教育家,江苏苏州人。其创作涉及童话、散文、小说等领域。他写作态度严肃认真,写作风格朴素自然,语言洗练优美,有"优秀的语言艺术家"之称。其代表作有童话《稻草人》《古代英雄的石像》,短篇小说《夜》《多收了三五斗》,长篇小说《倪焕之》等。

[①] 本文选自《叶圣陶集》第七卷,江苏教育出版社,1987年版。

一天下午，我们去参观北京市手工业公司实验工厂。粗略地看了景泰蓝的制作过程。景泰蓝是多数人喜爱的手工艺品，现在把它的制作过程说一说。

景泰蓝拿红铜做胎①，因为红铜富于延展性，容易把它打成预先设计的形式，要接合的地方又容易接合。一个圆盘子是一张红铜片打成的，把红铜片放在铁砧②上尽打尽打，盘底就洼了下去。一个比较大的花瓶的胎分作几截③，大概瓶口、瓶颈的部分一截，瓶腹鼓出的部分一截，瓶腹以下又是一截。每一截原来都是一张红铜片。把红铜片圈起来，两边重叠，用铁锤尽打，两边就接合起来了。要圆筒的哪一部分扩大，就打哪一部分，直到符合设计的意图为止。于是让三截接合起来，成为整个的花瓶。瓶底可以焊上去，也可以把瓶腹以下的一截打成盘子的形状，那就有了底，不用另外焊了。瓶底下面的座子，瓶口上的宽边，全是焊上去的。至于方形或是长方形的东西，像果盒、烟卷盒之类，盒身和盖子都用一张红铜片折成，只要把该接合的转角接合一下就是，也不用细说了。

制胎的工作其实就是铜器作④的工作，各处城市大都有这种铜器作，重庆还有一条街叫打铜街。不过铜器作打成一件器物就完事，在景泰蓝的作场里，这只是个开头，还有好多繁复的工作在后头呢。

第二步工作叫掐丝，就是拿扁铜丝（横断面是长方形的）粘在铜胎表面上。这是一种非常精细的工作。掐丝工人心里有谱，不用在铜胎上打稿，就能自由自在地粘成图画。譬如粘一棵柳树吧，干和枝的每条线条该多长，该怎么弯曲，他们能把铜丝恰如其分地剪好曲好，然后用钳子夹着，在极稠的白芨浆⑤里蘸一下，粘到铜胎上去。柳树的每个枝子上长着好些叶子，每片叶子两笔，像一个左括号和一个右括号，那太细小了，可是他们也要细磨细琢地粘上去。他们简直是在刺绣，不过是绣在铜胎上而不是绣在缎子上，用的是铜丝而不是丝线、绒线。

他们能自由地在铜胎上粘成山水、花鸟、人物种种图画，当然也能按照美术家的设计图样工作。反正他们对于铜丝好像画家对于笔下的线条，可以随意驱遣，到处合适。美术家和掐丝工人的合作，使景泰蓝器物推陈出新，博得多方面人士的爱好。

粘在铜胎上的图画全是线条画，而且一般是繁笔，没有疏疏朗朗只用少数几笔的。这里头有道理可说。景泰蓝要涂上色料，铜丝粘在上面，涂色料就有了界限。譬如柳条上的每片叶子由两条铜丝构成，绿色料就可以填在两条铜丝中间，不至于溢出来。其次，景泰蓝内里是铜胎，表面是涂上的色料，铜胎和色料，膨胀率⑥不相同。要是色料的面积占得宽，烧过以后冷却的时候就会裂。还有，一件器物的表面要经过几道打磨的手续，打磨的时候着力重，容易使色料剥落。现在在表面粘上繁笔的铜丝图画，实际上就是把表面分成无数小块，小块面积小，无论热胀冷缩都比较细微，又比较禁得起外力，因而就不至于破裂、剥落。通常谈文艺有一句话，叫

---

① 胎：器物的粗坯。
② 铁砧（zhēn）：捶或砸东西的时候垫在底下的铁器。
③ 截：这里指段、节。
④ 铜器作（zuō）：制作铜器的作坊。
⑤ 白芨（jī）浆：用干燥的白芨的块茎加水研磨制成的黏合剂。白芨：一种多年生草本植物。
⑥ 膨胀率：表示物体受热时其长度或体积增大程度的物理量。

内容决定形式。咱们在这儿套用一下,是制作方法和物理决定了景泰蓝掐丝的形式。咱们看见有些景泰蓝上面的图案画,在图案画以外,或是红地,或是蓝地,只要占的面积相当宽,那里就嵌几条曲成图案形的铜丝。为什么一色中间还要嵌铜丝呢?无非使较宽的表面分成小块罢了。

粘满了铜丝的铜胎是一件值得惊奇的东西。且不说自在画①怎么生动美妙,图案画怎么工整细致,单想想那么多密密麻麻的铜丝没有一条不是专心一志粘上去的,粘上去以前还得费尽心思把它曲成最适当的笔画,那是多么大的工夫!一个二尺半高的花瓶,掐丝就要花四五十个工。咱们的手工艺品往往费大工夫,刺绣,刻丝,象牙雕刻,全都在细密上显能耐。掐丝跟这些工作比起来,可以说不相上下,半斤八两。

刚才说铜丝是蘸了白芨浆粘在铜胎上的,白芨浆虽然稠,却经不住烧,用火一烧就成了灰,铜丝就全都落下来了,所以还得焊。先在沾满了铜丝的铜胎上喷水,然后拿银粉、铜粉、硼砂三种东西拌和,均匀地筛在上边,放到火里一烧,白芨成了灰,铜丝就牢牢地焊在铜胎上了。

随后就是放到稀硫酸里煮一下,再用清水洗。洗过以后,表面的氧化物和其他脏东西都去掉了,涂上的色料才可以紧贴着红铜,制成品才可以结实。

于是轮到涂色料的工作了,他们管这个工作叫点蓝。图上的色料有好些种,不只是一种蓝色料,为什么单叫做点蓝呢?原来这种制作方法开头的时候多用蓝色料,当时叫点蓝,就此叫开了(我们苏州管银器上涂色料叫发蓝,大概是同样的理由)。这种制品从明朝景泰年间15世纪中叶开始流行,因而总名叫景泰蓝。

用的色料就是制颜色玻璃的原料,跟涂在瓷器表面的釉料相类。我们在作场里看见的是一块块不整齐的硬片,从山东博山运来的。这里头基本质料是硼砂、硝石和碱,因所含的金属矿质不同,颜色也就各异,大概含铁的作褐色,含铀的作黄色,含铬的作绿色,含锌的作白色,含铜的作蓝色,含金含硒的作红色……

他们把那些硬片放在铁臼里捣碎研细,筛成细末应用。细末里头不免搀和着铁臼上磨下来的铁屑,他们利用吸铁石除掉它。要是吸得不干净,就会影响制成品的光彩。看来研磨色料的方法得讲求改良。

各种色料的细末都盛在碟子里,和着水,像画家的画桌上一样,五颜六色的碟子一大堆。点蓝工人用挖耳似勺似的家伙舀着色料,填到铜丝界成的各种形式的小格子里。大概是熟极了的缘故,不用看什么图样,自然知道哪个格子里该填哪种色料。湿的色料填在格子里,比铜丝高一些。整个表面填满了,等它干燥以后,就拿去烧。一烧就低了下去,于是再填,原来红色的地方还是填红色料,原来绿色的地方还是填绿色料。要填到第三回,烧过以后,色料才跟铜丝差不多高低。

现在该说烧的工作了。涂色料的工作既然叫点蓝,不用说,烧的工作当然叫烧蓝。一个烧得挺旺的炉子,燃料用煤,炉膛比较深,周围不至于碰着等着烧的铜胎。烧蓝工人把涂好色料的铜胎放在铁架子上,拿着铁架子的弯柄,小心地把它送到炉膛里去。只要几分钟工夫,提起

---

① 自在画:比较自由、不大拘束的画,与图案画相对。

铁架子来,就看见铜胎全体通红,红得发亮,像烧得正旺的煤。可是不大工夫红亮就退了,涂上的色料渐渐显出它的本色,红是红绿是绿的。

涂了三回烧了三回以后,就是打磨的工作了。先用金刚砂石水磨,目的在使成品的表面平整。所谓平整,一是铜丝跟涂上的色料一样高低,二是色料本身也不许有一点儿高高洼洼。磨过以后又烧一回,再用磨刀石水磨。最后用椴木炭水磨,目的在使成品的表面光润。椴木木质匀净,用它的炭来水磨,成品的表面不起丝毫纹路,越磨越显得鲜明光滑。旁的木炭都不成。

椴木炭磨过,看来晶莹灿烂,没有一点儿缺憾,成一件精制品了,可是全部工作还没完,还得镀金。金镀在全部铜丝上,方法用电镀。镀了金,铜丝就不会生锈了。

全部工作是手工,只有待打磨的成品套在转轮上,转轮由马达带队的皮带转动,算是借一点儿机械力。可是拿着蘸水的木炭、磨刀石挨着转动的成品,跟它摩擦,还得靠打磨工人的两只手。起瓜棱的花瓶就不能套在转轮上打磨,因为表面有高有低,洼下去的地方磨不着。那非纯用手工打磨不可。

 思考练习

一、请说出下列各句的说明方法。

1. 掐丝,就是拿扁铜丝(横断面是长方形的)粘在铜胎表面上。

2. 一个二尺半高的花瓶,掐丝就要花四五十个工。

3. 他们简直是在刺绣,不过是绣在铜胎上而不是绣在缎子上,用的是铜丝而不是丝线、绒线。

4. 各种色料的细末都盛在碟子里,和着水,像画家的画桌上一样,五颜六色的碟子一大堆。

二、写作练习。

请以"×××的制作"为主题写一篇说明文,注意抓住所说明的对象的特点,安排好说明顺序和材料的详略,综合运用三种以上说明方法,字数在300字左右。

牛 郎 织 女①

戴文赛

 学习提示

牛郎织女的故事在我国可以说是家喻户晓,每当想起这对勤劳善良的夫妇饱受分离的痛苦,不知有多少人为之洒泪。其实这个传说不过是反映了人们的不平与愤慨罢了。挂在天河两旁的牵牛星和织女星,其实是两颗没有任何关联的恒星,相隔16.4光年。不过这并不意味

---

① 本文选自黎先耀主编的《大家知识随笔·中国卷》,中国文学出版社,2000年版。

上篇 说明文

着人类想象的可笑,想象不仅造就了神话,也开启了科学之门。科学与神话能够共存。

文章整体上采用时间顺序进行介绍说明:第1~2段是古书中对牛郎织女传说的记载;第3~8段是文学作品中关于牛郎织女的记载;第9~12段介绍与牛郎织女星有关的科学知识。科学解说部分采用从现象到本质的逻辑顺序,让读者有了一个不同于神话的全新认识。

文章语言既准确平实,又生动有趣、引人入胜。为了更清楚地说明事物,作者综合运用了列数字、作比较、打比方等多种说明方法。学习时注意体会其中的特点。

作者链接

戴文赛(1911—1979年),天文学家。他十分重视科学普及工作,撰写过很多篇科普文章,出版了《戴文赛科普创作选集》。20世纪60年代前期,他提出"宇观"这一新概念,阐述微观、宏观、宇观三个不同层次间的差别和联系,开创了中国天文学哲学领域中对宇观过程的特征和规律的研究,为国家培养了大量天文人才,其中许多人已成为我国各天文台站的骨干。

牛郎织女是我国最有名的一个民间传说,是我国人民最熟悉的关于星的故事。这个故事是谁最先说出来的?什么时候开始在民间流传?这两个问题不晓得已经有人考证出来没有。南北朝时代写成的《荆楚岁时记》里有这么一段:"天河之东,有织女,天帝之子也。年年织杼①劳役,织成云锦天衣。天帝怜其独处,许嫁河西牵牛郎。嫁后遂废织纴②。天帝怒,责令归河东。唯每年七月七日夜,渡河一会。"

关于织女,古书里还有几处提到她。《后汉书·天文志》:"织女,天之真女。"《史记》:"织女三星,在天纪东端,天女也。"《焦林大斗记》:"天河之东,有星微微,在氐③之下,谓之织女。"天河就是我们在夜里看到的那条横贯天空的光带;我国古人也把它叫作"银汉""星河""天杭""银潢""明河""高寒"等等。现在天文学家叫它"银河"。织女星在银河的东边,它的西名是Vega。从前我国把天空分作二十八宿④和三垣⑤,现在全世界的天文学家公定把天空分作八十八个"星座"。织女星是天琴星座里最亮的恒星。附近银河里有五个几乎一样亮的恒星排成十字架的形状,那五个星属天鹅座。银河的西边稍微南一点有三个星排得很近,中间那个比较亮一些的星就是牛郎星,也叫牵牛星,我国古称"河鼓""何鼓""黄姑",西名叫Altair。牛郎星是天鹰座里最亮的恒星。它和两旁那两个亮度小一点的星,有时候被人合起来称为"扁担星"。神话里说旁边那两个星是牛郎和织女所生的孩子。天鹅在银河里飘游,河畔有一位姑娘在织布,对岸有一个牧人带着两个小孩子在放牛。这是多么美丽的一幅图画。

宋代词人秦观也被牛郎织女这个悲里带欢、欢里带悲的故事激动了文思,他把这可歌可泣

---

① 杼(zhù):织布机的梭子。
② 织纴(rèn):纺织。纴:绕线。
③ 氐(dī):二十八星宿之一。
④ 二十八宿:这是古代一种恒星群系统,把由天球赤道和黄道一带的若干恒星组成的二十八大星组称为"二十八宿",用来作为量度日月位置和运动的标志。宿:我国古代天文学家把天上某些星的集合体叫作宿。
⑤ 三垣(yuán):二十八宿以外的星区又被划分为三垣,即紫薇垣、太微垣和天市垣。垣:墙,意思是以墙围起的星区。

55

的故事的意境用长短句很巧妙地表达出来。《鹊桥仙》是词里很美丽的一首：

纤云弄巧，飞星传恨，银汉迢迢暗度。
金风玉露一相逢，便胜却人间无数。
柔情似水，佳期如梦，忍顾鹊桥归路。
两情若是久长时，又岂在朝朝暮暮。

从前我国许多人相信牛郎和织女真的在七夕渡河相会一次。那一夜，妇女们都穿针乞巧①，又以瓜果祀②织女星。这个故事也常被采用做戏剧的材料，京剧、话剧和各地的地方戏里多半有"牛郎织女"这一出。

在戏剧里，牛郎是一个农村里放牛的孩子。他不肯帮哥哥种田，不肯帮嫂嫂车水，不肯帮妈妈做家务事。牛郎只是贪玩，只爱作奇怪的幻想。他的最好的朋友就是他所看守的老牛。有一晚，他在梦幻中看到天上的仙境，他便牵着老牛动身到天上去。同时，在天上有一位织女却想要下凡来享受人间的温暖。王母娘娘可怜织女的孤寂，便差遣金童玉女和喜鹊把织女带到天涯海角去和牛郎相会。"金风玉露一相逢"，真是"胜却人间无数"。一对爱侣被送上九霄云外度蜜月去了。

牛郎游遍了天上的胜境。日子一久，也便觉得平淡无奇了。织女得继续纺织云锦天衣，不能老陪着他。牛郎越来越感觉无聊，又从金童得知家里的人日夕在盼望他回去，便把回家的意念告诉织女。织女决心和他同到地上去享受那可爱的春天。可惜事机不密，给西王母晓得了。她赶来用玉簪划成银河一道，把牛郎和织女隔开，只答应每年七夕遣喜鹊结成天桥，使他们渡河相会一次。牛郎回到人间，很高兴地再看到母亲、哥哥、嫂嫂。从此，他不再偷懒，不再作无谓的幻想，天天努力劳动。他觉悟到在现实生活里也可以创造出美丽来。他闻到泥土的香味了，他洞悉生活的意义了。他唯一的惋惜，就是所爱的织女不能也到地上来和他一起劳动，一起享受人间的温暖。不过每年七夕还可以相会一次，那已经比永别好多了。

有个话剧里有几首歌曲，其中一首是俞鹏所作的《鹊相会》：

谁知道天长地久何时了？
谁知道离恨年年有多少？
度尽了长岁，好难得这七夕良宵；
却又是无限悲愁相逢在鹊桥。
梦长夜短总是多情恼。
见东山晨星已现，天将晓。

---

① 乞巧：这是旧时的一种民间风俗。农历七月初七的晚上，妇女在院子里陈设瓜果，向织女星祈祷，请求帮助她们提高刺绣缝纫的技巧。
② 祀（sì）：祭祀。

可奈何,喜鹊频噪,催人分道。

只好待明年的七夕快快的来到。

一直到今天,我国还有好些人真的相信牛郎织女两星每年七夕渡河相会一次,许多妇女还在那一夜向织女乞巧。很可惜,科学告诉我们:牛郎织女这个故事并不是真的,它只是一个富有诗意的神话而已。近年来,天文学的进步,使我们对这两个恒星,对其他的恒星和银河,都认识得比从前清楚得多。银河并不是一条河,银河里并没有一滴水,也没有桥。它是很多恒星和星云的集合,用大望远镜就可以看出来。牛郎织女两星虽然不是绝对的"恒",但每逢七夕并不能看出它们向对方移动丝毫,当然更谈不到"渡河"。每年七夕,还是一在河之东,一在河之西,彼此都在望河兴叹。科学的进步竟打碎了他们的美梦,这使作者想起曹雪芹替太虚幻境的牌坊所作的对联:

厚地高天,堪叹古今情不尽;

痴男怨女,可怜风月债难尝。

恒星的"恒"字,只是和行星的"行"字相对而言。实际上天上没有一个星是绝对地"恒";每个星都在动,动多动少而已。牛郎星每年在地球上移动 0.658 角秒①;此外,还以每秒钟 33 公里的速度移近太阳。所以,牛郎星在空间的速度比地上最快的客机还快几十倍。织女动得慢一点,不过在女子百米比赛里还是可以得冠军。她每年在天球上移动 0.345 角秒,以每秒钟 14 公里的速度移近太阳。

牛郎星和织女星都比太阳大得多、亮得多。为什么我们看起来只是两小点的光呢?那是因为这两个恒星比太阳远得多。牛郎的光度为太阳的 10 倍,直径大 7 成,质量差不多大 7 成。织女的光度等于太阳的 50 倍,直径等于太阳直径的 2.76 倍,质量差不多等于太阳的 3 倍。所以,织女比牛郎大,比牛郎亮,比牛郎重,算来还是牛郎的大姐姐。牛郎离我们的距离为 16 光年,比太阳远 100 万倍;织女离我们的距离为 26 光年,比太阳远 170 万倍。织女不仅比牛郎大好些、亮好些,而且又远好些,所以我们看起来两个星差不多一样亮。光从牛郎星来到我们的眼里,需要 16 年;光从织女星来,需要 26 年。牛郎织女两星不是在同一方向,两星之间的距离是 16.4 光年。无线电波的速度和光一样,假使牛郎想打一个无线电报给织女,得等 32 年才有收到回电的可能。

恒星在大小、光度、温度、颜色方面相差都很大,质量却差得不很多。20 世纪以来,天文学家对许多恒星分门别类,好像生物学家对动物植物分门别类那样。

科学家已经证明日光和星光都是从原子能来的。因此,牛郎和织女这两个星也可以说是两个非常大的原子弹。它们把肚子里的原子能变成光线发射出来。人类在欣赏它们的灿烂的光辉的时候,竟幻想出一个哀艳动人的故事来。童话和神仙故事并不因物质文明的进步而被消灭。它们可以提高少年人的幻想能力,可以做成年人业余的消遣,又可以作为各种艺术的原

---

① 角秒:角度单位。角秒就是秒,1 度等于 60 分(角分),1 角分等于 60 秒(角秒)。

料。中国的牛郎织女可以和希腊的奥德赛、金羊毛,法国的尼贝伦指环等故事并列。每年七夕,大家不妨继续提出牛郎织女这个故事来谈:一方面欣赏这富有诗意的神话,一方面也可借机会提倡科学,使一般人注意到科学家替我们发现的许多关于星星的新知识。

一、解释下列词语。

可歌可泣　　　　金风玉露　　　　哀艳动人

二、将相关内容用直线连接起来。

七夕节　　　　　五月初五　　　　吃粽子、赛龙舟

端午节　　　　　正月十五　　　　登高、插茱萸

重阳节　　　　　七月初七　　　　猜灯谜、吃元宵

元宵节　　　　　九月初九　　　　乞针线

三、阅读课文的第9~11段,回答以下几个问题。

1. 第9段的说明对象是什么?介绍了哪些知识?

2. 第9~11段主要使用了什么说明方法?请各举一例。

四、作者用大量的篇幅介绍与牛郎织女相关的神话传说和文学作品,请你说说这样写的作用。

五、写作练习。

查找相关资料,以"北斗星"为题,写一篇说明文。

人脑与电脑[①]

戴君惕

这是一篇介绍人脑与电脑的科普说明文。阅读本文,我们将走进神奇的计算机世界,了解电脑与人脑的区别。同时,从计算机日益变化发展的过程中领略人类无穷的智慧。

文章采用序号的结构方式,总体上采用时间顺序,局部采用空间顺序。第一部分先写了电脑的诞生及在运算速度上神奇的作用;接着在赞叹人类这一伟大发明的同时,从质量、能耗、智能等方面进行比较,让我们清楚地知道人脑与电脑的根本区别。第二部分主要介绍了电脑的发展历史、发展趋势及与人脑的差异。第三部分介绍了机器人的发展水平及与人类的区别。

作者恰当运用作比较、分类别、举例子、列数字等说明方法,把原本让许多人以为极为刻板、深奥的科学知识介绍得既准确细致又引人入胜,使课文融知识性、科学性和趣味性于一体。阅读时,我们要认真体会这一特点。

---

① 本文选自黎先耀主编的《现代人的智慧》,科学普及出版社,1999年版。略有删改。

作者链接

戴君惕，中国科学院生物物理所研究员，专门从事仿生学研究。

一

1946年，在美国科学家艾克特和毛里利的指导下，第一架大型电子计算机问世了。人们从世界各地络绎不绝地来参观这个占地6个房间的面积、重30吨的庞然大物。这台电子计算机叫作"埃尼阿克"，机内使用了1 800个电子管、7 000个电阻、10 000个电容器和6 000个继电器，造价为1亿美元。它的运算速度是每秒5 000次，比人算快20万倍，比当时最好的手摇计算机快1 000倍。人们看到它轻而易举地计算着各种繁难的数学题，无不大为赞叹。

操纵"埃尼阿克"当然是件无上光荣的事。所以，年轻的计算机专家在白天紧张的工作后，仍舍不得离开。他们想利用机器的空余时间做一项有趣的尝试——打破计算"π"的小数点后数字的世界纪录。

"π"即圆周率，是自然界最重要的无理数之一。远在1 500年前，我国伟大的数学家祖冲之就精确测算出π的数值到小数点后第七位，即π值3.141 592 6和3.141 592 7之间。西方数学家在1 100多年后才得到这个数值。

从这以后，许多数学家耗费了大量精力来计算更精确的π值。1593年，法国数学家韦达把π值计算到17位小数，德国的鲁尔道夫算到了小数点后35位。1717年，英国的夏普超过鲁尔道夫，把π算到了小数点后第72位。到了19世纪，威加、达斯、雷歇分别把π算到了小数点后第140、200和500位。最后在1873年，谢克斯花了整整15年时间来计算π值，终于求得了小数点后707位数值，这个世界纪录一直保持到20世纪40年代。

现在，操纵计算机的小伙子们编好了一个计算π的无穷级数的程序，把它输入"埃尼阿克"。结果，计算机只算了70多个小时，竟把π值计算到小数点后2 035位！

使人们大为震惊的是在第五百几十位的地方，计算机专家发现谢克斯的数值有一个错误。这样，谢克斯的π值从这位数后的100多个位数便全部出了错，这就把可怜的谢克斯的15年努力全部一笔勾销了！

电子计算机真是人类的伟大发明。在运算速度方面，它有着人所无法相比的优越性。最近我国制成的"银河"巨型计算机，每秒钟进行10亿次运算，利用它可以解决那些要花费成千上万人的一生才能精确计算的极为复杂的问题。同时，也只有利用计算机才能控制各种快速运动的复杂系统。但是，在以计算机为核心的现代控制系统里，人仍然是最重要的环节，这是因为人体拥有一台世界上最完善的"天然计算机"——大脑。

人脑，大约只有1 500克重，体积只有1 500毫升左右，所需能量不到2.5瓦。但却有140亿到150亿个细胞，这个数目是全世界人口总数的3倍。目前，最好的电子计算机——巨型机比人脑要重上万倍，消耗的电能也要多上万倍，但它的"记忆"和"思考"能力却远不及人脑，可靠性也比人脑差得多。

人脑有很强的记忆力，并且善于思考。人类在解决问题时，能够联想和回忆，能够一边思考旧问题,一边解答新问题;遇到出乎意料的情况时,人能够随机应变,妥善处理,电子计算机就缺乏这种创造性思维。至于人脑能利用视、听、味、触等感觉器官的信息,综合地感知外界的复杂情况,做出相应的处理,更是电子计算机望尘莫及的。

为了进一步发现计算机和自动机的新的设计原理,仿生学家和电子学家正致力于生物脑思维和记忆机制的研究。当然,事情得由易到难,首先应研究昆虫和蠕虫的简单的脑。目前科学家已研制出一种"人工脑"模型,它不但具有复杂的计算机程序,还有简单的"思考"能力。将来,把这种"人工脑"装在机器人身上,就有可能制造具有极高"智能"的机器人。

二

第一台电子计算机诞生于1946年,但它"衰老"得很快。1955年,这台每秒只能运算5 000次的巨人就被停止使用了。到1957年,12岁的"埃尼阿克"已被人们拆得七零八落,正式进入了坟墓。但它的子孙却一代胜过一代,在地球上迅速地繁衍起来。1956年第二代电子计算机问世了。它的元件不再是电子管,而是体积小得多、性能好得多的晶体管。晶体管计算机的体积是电子管计算机体积的千分之一,但效率和寿命却提高1 000倍!

1958年美国人吉尔比把晶体管、二极管、电阻、电容、电感等分立的电子元件做在一块硅片上,制成了世界上第一块集成电路。不久,第三代电子计算机——集成电路计算机制成,它的体积比第二代计算机又明显缩小。

1971年,英国霍夫把2 250个晶体管微化到一粒米大小的硅片上,制成了第一块大规模集成电路。1975年,以大规模集成电路为元件的第四代电脑问世。这一代电脑向着两个方向发展:一个方向是每秒计算亿次甚至几十、几百亿次的巨型机;另一个方向是体积很小的微电脑。短短几年内,微电脑一跃而成为计算机和自动化科学的最大热门。从第一代计算机到最小的微型电脑,重量已从几十吨减轻到几十克,体积已从几个大房间缩小到一个香烟盒那么大;耗电量已从几百千瓦下降到几十瓦;而计算机性能却提高了上百万倍,价格也下降到原来的万分之一,这是多么了不起的成就啊!

可是,与生物的脑相比,计算机还存在很大的差距。人们还得赶紧研制更新式的计算机。

1978年美国沃尔夫发明了超大规模集成电路。两年后,采用沃尔夫的办法制造出能集成60万个晶体管的微型硅片。尔后,一家公司造出了含1 048 000个信息单位的微型集成电路片,最近又有4兆个信息单位存储芯片问世。在这基础上,第五代电脑已经研究成功。

第五代电脑在微型化方面已经可以与生物脑媲美了。但是,这仍然是没有思维能力的机器。要更逼真地模仿人脑,从现在起就得着手研究第六代、第七代电子计算机。

人类的智慧真是无穷无尽。现在,第六代计算机的研究方案已经提出来了,这就是利用活的"生物集成电路"的生物电子计算机。

拟议中的生物电子计算机,不用现行的硅集成块组装,而是用系列生物分子构成。这种"生物集成电路",可以是涂有单层蛋白质的平面型集成电路玻璃片,也可以是利用活性极强的蛋白质组成的立体分子阵列,植入生物细胞内,让它像集成电路一样指导电流脉冲。现今硅片上存储一个信息单位的地区仍包含数以亿计的原子数,而生物集成电路里,一个分子就能存储一个信息单位。这样,计算机就能再缩减千万倍,其运算速度要比目前最先进的微电脑快100

万倍！

最近，科学家们又设计了一种新型的生物电子计算机——DNA分子计算机。DNA是脱氧核糖核酸的简称，它是最重要的生命物质之一，负责贮存和传递遗传信息。DNA上有4种生物碱基，它们的不同排列构成基因的遗传密码。而在DNA的大分子中，4中碱基的不同排列是一个天文数字，因此可以贮存大量的信息。在某种酶的作用下，DNA分子之间可以在瞬间完成生物化学反应，从一种基因代码变成另一种代码，利用这一特点可制造DNA计算机。到那时，DNA计算机运算几天相当于从计算机问世以来全世界所产生的电子计算机运算量的总和。1立方米的DNA溶液可存储1万亿亿位的数据，而消耗的能量却只有一台普通电脑的十亿分之一。

除运算快和耗能低外，生物计算机最吸引人的还是它的可思维性，具有类似人脑的功能，即在平行水平上同时处理众多的信号脉冲。这种第六代电脑制成后对人类社会的巨大影响，是怎么估计也不会过分的！

三

机器人英文称Robot。这个名字源自捷克作家一出戏剧中的人物。人们在科幻电影中常常见到英雄。看过科幻卡通片"变形金刚"的，也无不对神通广大的汽车人有着深刻的印象。

人类幻想制造机器人来减轻自己的劳动已经有几千年的历史了。传说鲁班制造了一个木人，它"机关备具"，能在路上自动行走并能驾驭"木车马"。这可以说是世界上最早的机器人。到了工业革命时代，由于生产发展的需要，特别是要进行高温、高压、高真空或放射性等危险条件下的生产，机器人的制作提到了议事日程，日益受到人们的重视。

最初的机器人其实只是机械手或操作器，它是模拟人手功能的技术装置。机械手就像一只巨大的手，它的手臂能上下左右地转动和伸缩，腕关节也能弯曲和转动，因此能使手指部分自由定向。机械手在宇宙空间、深海、燃烧室、放射性室、核反应堆等对人体有危害的区域有着十分广泛的应用。机械手的进一步发展是遥控操作器，它是带有"人造眼"——传真电视机的操作器与电子计算机联用，并由人进行控制的人机系统。这种操作器工作时，它的手指触觉信号和传真电视机的视觉信号传给遥控计算机，此计算机像人脑一样将信息加工后发到地面控制室里，操作员可直接在显示屏上看见操作器的工作情况，并通过控制器和地面计算机控制操作器的下一步行动。

遥控操作器已经有成百上千种，它们在各种危险区域执行着各种各样的任务。1967年，一台遥控操作器登上了月球，它在地球上人的控制下，挖掘了月球表面46厘米深处的土壤样品，并对样品进行初步分析，以确定土壤的硬度和重量等，俨然是一位在行的土壤学家。

据统计，目前世界上共有30万个工业机器人在流水线旁，日夜不停地从事焊接、油漆、抛光、安装等简单重复的机械性操作。在巴黎地铁车站内，一队机器清洁工天天在打扫卫生，它们用履带行走，还可以上下楼梯。在德国法兰克福机场，一个名叫"全天候清洁工"的机器人为汉莎航空公司擦洗远航归来的飞机，它可以在两小时之内把一架波音747大型客机擦洗得一干二净，这项工作原先由16个清洁工干上十个小时才能完成。在日本，机器人在建筑行业大显身手，高楼机器人用它们脚下的吸盘牢牢地"站"在大楼的玻璃墙面上，进行擦玻璃窗的危险工作。在美国,机器护士小姐已经在医院里代替护理人员从事各种各样的服务性工作,如送衣、送饭、送药、送病人及护理人员需要的一切东西。更神的是侦探机器人,它体积极小,行动方便,简直可以无孔不入。它嗅觉灵敏,不仅能嗅到埋藏于地下的炸弹,还能发现核技术装置的位置,在特别紧急的情况下,它还能带上摄像机,深入敌巢或有放射性物质的建筑物中,向远在安全地带的人传递图像及情报。在德国、日本和美国,还制造出了一些会走路、看书、写字、听话和说话的机器佣人,它们能认识自己的主人。早晨主人起床时,它会礼貌地问安,然后送上早点,主人不在家时它能按主人的吩咐熟练地料理家务,主人回来时,又有礼貌地迎接,殷勤地为主人做这做那,真像一个忠心耿耿又聪明乖巧的仆人。

但是,无论机器人怎样聪明,它的智慧都是人类编好程序输入它的电子脑袋的,人类永远是机器人的主人。

思考练习

一、阅读第一部分,回答以下问题。

1. 人脑与电脑的区别有哪些?

2. 作者综合运用了什么说明方法?

二、阅读第二部分的后三段,思考下列问题。

1. 生物电子计算机使用的元件是什么?

2. 简要说明DNA分子计算机的制造原理。

三、写作练习。

作者认为"人类永远是机器人的主人"。你认为电脑能代替或超越人脑吗?请发表你的看法。

第四章 外国近现代说明文赏析

松 鼠

布封著 刘阳译

这是一篇说明文,也是一篇描写大自然中的小动物的文学作品。这是一个说明性的,也是一个描述小动物本质的文学作品。以细致的描写,勾画出了松鼠这种小动物漂亮的外貌、驯良的习性和乖巧的性格,突出了松鼠令人喜爱的特点。

布封(1707—1788年),18世纪法国博物学家、作家。生于孟巴尔城一个律师家庭,原名乔治·路易·勒克来克,因继承关系,改姓德·布封。布封从小受教会教育,爱好自然科学。1739年起担任皇家花园(植物园)主任。他用毕生精力经营皇家花园,并用40年时间写成36卷巨册的《自然史》。《自然史》是一部博物志,包括地球史、人类史、动物史、鸟类史和矿物史等几大部分,综合了无数的事实材料,对自然界做了精确、详细、科学的描述和解释,提出许多有价值的创见。破除各种宗教迷信和无知妄说,把上帝从宇宙的解释中驱逐出去,这是布封对现代科学的一大贡献。他坚持以唯物主义观点解释地球的形成和人类的起源,指出地球与太阳有许多相似之处,地球是冷却的小太阳;地球上的物质演变产生了植物和动物,最后有了人类。布封是人文主义思想的继承者和宣传者,他惯常用人性化的笔触描摹动物。

松鼠是一种漂亮的小动物,驯良,乖巧,很讨人喜欢。

它们面容清秀,眼睛闪闪有光,身体矫健,四肢轻快,非常敏捷,非常机警。玲珑的小面孔,衬上一条帽缨形的美丽的尾巴,显得格外漂亮;尾巴老是翘起来,一直翘到头上,身子就躲在尾巴底下歇凉。它们常常直竖着身子坐着,像人们用手一样,用前爪往嘴里送东西吃。可以说,松鼠最不像四足兽了。

松鼠不躲藏在地底下,经常在高处活动,像鸟类似的住在树上,满树林里跑,从这棵树跳到那棵树。它们在树上做窝,摘果实,喝露水,只有树被风刮得太厉害了,才到地上来。在田野里,在平原地区,是找不到松鼠的。它们从来不接近人的住宅,也不待在小树丛里,只喜欢大的树木,住在高大的树上。在晴明的夏夜,可以听到松鼠在树上跳着叫着,互相追逐的声音。它们好像很怕强烈的日光,白天躲在窝里歇凉,晚上出来练跑,玩耍,吃东西。它们虽然也捕捉鸟雀,却不是肉食兽类,常吃的是杏仁、榛子、榉实和橡栗。

松鼠不敢下水。有人说,松鼠过水的时候,用一块树皮当作船,用自己的尾巴当作帆和舵。松鼠不像山鼠那样一到冬天就蛰伏不动。它们是十分警觉的,只要有人稍微在树根上触动一下,它们就从窝里跑出来,躲在树枝底下,或者逃到别的树上去。松鼠跑跳轻快极了,总是小跳着前进,有时也连蹦带跳。它们的爪子是那样锐利,动作是那样敏捷,一棵很光滑的高树,一会儿就爬上去了。松鼠的叫声很响亮,比黄鼠狼的叫声还要尖些。要是被人家惹恼了,还会发出一种不高兴的恨恨声。

松鼠的窝通常搭在树枝分叉的地方,又干净又暖和。它们搭窝的时候,先搬些小木片,错杂着放在一起,再用一些干苔藓编扎起来;然后把苔藓挤紧,踏平,使那建筑物既宽广又坚实,可以带着儿女住在里面,既舒适又安全。窝口朝上,端端正正,很狭窄,勉强可以进出;窝口上有一个圆锥形的盖,把整个窝遮蔽起来,可以使雨水向四周流去,不落在窝里。

昆虫记(节选)

法布尔 著 陈筱卿 译

《昆虫记》是法国杰出昆虫学家、文学家法布尔的传世佳作,亦是一部不朽的著作。《昆虫记》是法布尔一生心血的结晶,全书共10卷,220余篇,于1878年至1910年间陆续出版。它熔作者毕生研究成果和人生感悟于一炉,以人性观照虫性,将昆虫世界化作供人类获得知识、趣味、美感和思想的美文。

《昆虫记》也叫作《昆虫物语》《昆虫学札记》或《昆虫的故事》,被誉为"昆虫的史诗"。不仅真实地记录了昆虫的生活,还透过昆虫世界折射出社会、人生。

法布尔(1823—1915年),法国著名的昆虫学家、动物行为学家、作家。法布尔被雨果誉为"昆虫世界的荷马",还被誉为"昆虫世界的维吉尔"。法布尔被法国与国际学术界誉为"动物心理学的创始人"。

寄生虫

在八九月里,我们应该到光秃秃的、被太阳灼得发烫的山峡边去看看,让我们找一个正对太阳的斜坡,那儿往往热得烫手,因为太阳已经快把它烤焦了。恰恰是这种温度像火炉一般的地方,正是我们观察的目标。因为就是在这种地方,我们可以得到很大的收获。这一带热土,往往是黄蜂和蜜蜂的乐土。它们往往在地下的土堆里忙着料理食物——这里堆上一堆象鼻虫、蝗虫或蜘蛛,那里一组组分列着蝇类和毛毛虫类,还有的正在把蜜贮藏在皮袋里、土罐里、棉袋里或是树叶编的瓮里。

在这些默默地埋头苦干的蜜蜂和黄蜂中间,还夹杂着一些别的虫,那些我们称之为寄生虫。它们匆匆忙忙地从这个家赶到那个家,耐心地躲在门口守候着,你别以为它们是在拜访好友,它们这些鬼鬼祟祟的行为绝不是出于好意,它们是要找一个机会去牺牲别人,以便安置自己的家。

这有点类似于我们人类世界的争斗。劳苦的人们,刚刚辛辛苦苦地为儿女积蓄了一笔财产,却碰到一些不劳而获的家伙来争夺这笔财产。有时还会发生谋杀、抢劫、绑票之类的恶性事件,充满了罪恶和贪婪。至于劳动者的家庭,劳动者们曾为它付出了多少心血,贮藏了多少他们自己舍不得吃的食物,最终也被那伙强盗活活吞灭了。世界上几乎每天都有这样的事情发生,可以说,哪里有人类,哪里就有罪恶。昆虫世界也是这样,只要存在着懒惰和无能的虫类,就会有把别人的财产占为己有的罪恶。蜜蜂的幼虫们都被母亲安置在四周紧闭的小屋里,或待在丝织的茧子里,为的是可以静静地睡一个长觉,直到它们变为成虫。可是这些宏伟的蓝图往往不能实现,敌人自有办法攻进这四面不通的堡垒。每个敌人都有它特殊的战略——那些绝妙又狠毒的技巧,你根本连想都想不到。你看,一只奇异的虫,靠着一根针,把它自己的卵放到一条蛰伏着的幼虫旁边——这幼虫本是这里真正的主人;或是一条极小的虫,边爬边滑地溜进了人家的巢,于是,蛰伏着的主人永远长睡不醒了,因为这条小虫立刻要把它吃掉了。那些手段毒辣的强盗,毫无愧意地把人家的巢和茧子作为自己的巢和茧子,到了来年,善良的女主人已经被谋杀,抢了巢杀了主人的恶棍倒出世了。

看看这一个,身上长着红白黑相间的条纹,形状像一只难看而多毛的蚂蚁,它一步一步地仔细地考察着一个斜坡,巡查着每一个角落,还用它的触须在地面上试探着。你如果看到它,一定会以为它是一只粗大强壮的蚂蚁,只不过它的服装要比普通的蚂蚁漂亮。这是一种没有翅膀的黄蜂,它是其他许多蜂类的幼虫的天敌。它虽然没有翅膀,可是它有一把短剑,或者说是一根利刺。只见它踯躅了一会儿,在某个地方停下来,开始挖和扒,最后居然挖出了一个地下巢穴,就跟经验丰富的盗墓贼似的。这巢在地面上并没有痕迹,但这家伙能看到我们人类所看不到的东西。它钻到洞里停留了一会儿,最后又重新在洞口出现。这一去一来之间,它已经干下了无耻的勾当:它潜进了别人的茧子,把卵产在那睡得正酣的幼虫的旁边,等它的卵孵化成幼虫,就会把茧子的主人当作丰美的食物。

这里是另外一种虫,满身闪耀着金色的、绿色的、蓝色的和紫色的光芒。它们是昆虫世界里的蜂雀,被称作金蜂,你看到它的模样,绝不会相信它是盗贼或是搞谋杀的凶手。可它们的确是用别的蜂的幼虫做食物的昆虫,是个罪大恶极的坏蛋。

这十恶不赦的金蜂并不懂得挖人家墙角的方法,所以只得等到母蜂回家的时候溜进去。你看,一只半绿半粉红的金蜂大摇大摆地走进一个捕蝇蜂的巢。那时,正值母亲带着一些新鲜的食物来看孩子们。于是,这个"侏儒"就堂而皇之地进了"巨人"的家。它一直大摇大摆地走到洞的底端,对捕蝇蜂锐利的刺和强有力的嘴巴似乎丝毫没有惧意。至于那母蜂,不知道是不是不了解金蜂的丑恶行径和名声,还是给吓呆了,竟任它自由进去。来年,如果我们挖开捕蝇蜂的巢看看,就可以看到几个赤褐色的针箍形的茧子,开口处有一个扁平的盖。在这个丝织的摇篮里,躺着的是金蜂的幼虫。至于那个一手造就这坚固摇篮的捕蝇蜂的幼虫呢?它已完全消失了。只剩下了一些破碎的皮屑了。它是怎么消失的?当然是被金蜂的幼虫吃掉了!

看看这个外貌漂亮而内心奸恶的金蜂,它身上穿着金青色的外衣,腹部缠着"青铜"和"黄金"织成的袍子,尾部系着一条蓝色的丝带。当一只泥匠蜂筑好了一座弯形的巢,把入口封闭,等里面的幼虫渐渐成长,把食物吃完后,吐着丝装饰着它的屋子的时候,金蜂就在巢外等候机会了。一条细细的裂缝,或是水泥中的一个小孔,都足以让金蜂把它的卵塞进泥匠蜂的巢里去。总之,到了五月底,泥匠蜂的巢里又有了一个针箍形的茧子,从这个茧子里出来的,又是一个口边沾满无辜者的鲜血的金蜂,而泥匠蜂的幼虫,早被金蜂当作美食吃掉了。

正如我们所知道的那样,蝇类总是扮演强盗或小偷或歹徒的角色。虽然它们看上去很弱小,有时候甚至你用手指轻轻一撞,就可以把它们全部压死。可它们的确祸害不小。有一种小蝇,身上长满了柔软的绒毛,娇软无比,只要你轻轻一摸就会把它压得粉身碎骨,它们脆弱得像一丝雪片,可是当它们飞起来时有着惊人的速度。乍一看,只是一个迅速移动的小点儿。它在空中徘徊着,翅膀震动得飞快,使你看不出它在运动,倒觉得是静止的。好像是被一根看不见的线吊在空中。如果你稍微动一下,它就突然不见了。你会以为它飞到别处去了,怎么找都没有。它到哪儿去了呢?其实,它哪儿都没去,它就在你身边。当你以为它真的不见了的时候,它早就回到原来的地方了。它飞行的速度是如此之快,使你根本看不清它运动的轨迹,那么它又在空中干什么呢?它正在打坏主意,在等待机会把自己的卵放在别人预备好的食物上。我现在还不能断定它的幼虫所需要的是哪一种食物:蜜、猎物,还是其他昆虫的幼虫?

有一种灰白色的小蝇,我对它比较了解,它蜷伏在日光下的沙地上,等待着抢劫的机会。当各种蜂类猎食回来,有的衔着一只马蝇,有的衔着一只蜜蜂,有的衔着一只甲虫,还有的衔着一只蝗虫。大家都满载而归的时候,灰蝇就上来了,一会儿向前,一会儿向后,一会儿又打着转,总是紧跟着蜂,不让它从自己的眼皮底下溜走。当母蜂把猎物夹在腿间拖到洞里去的时候,它们也准备行动了。就在猎物将要全部进洞的那一刻,它们飞快地飞上去停在猎物的末端,产下了卵。就在那一眨眼的工夫里,它们以迅雷不及掩耳之势完成了任务。母蜂还没有把猎物拖进洞的时候,猎物已带着新来的不速之客的种子了,这些"坏种子"变成虫子后,将要把这猎物当作成长所需的食物,而让洞的主人的孩子们活活饿死。

不过,退一步想,对于这种专门掠夺人家的食物、吃人家的孩子来养活自己的蝇类,我们也不必对它们过于指责。一个懒汉吃别人的东西,那是可耻的,我们会称他为"寄生虫",因为他牺牲了同类来养活自己,可昆虫从来不做这样的事情。它从来不掠取其同类的食物,昆虫中的寄生虫掠夺的都是其他种类昆虫的食物,所以跟我们所说的"懒汉"还是有区别的。你还记得泥匠蜂吗?没有一只泥匠蜂会去沾染一下邻居所隐藏的蜜,除非邻居已经死了,或者已经搬到别处去很久了。其他的蜜蜂和黄蜂也一样。所以,昆虫中的"寄生虫"要比人类中的"寄生虫"要高尚得多。

我们所说的昆虫的寄生,其实是一种"行猎"行为。例如那没有翅膀,长得跟蚂蚁似的那种蜂,它用别的蜂的幼虫喂自己的孩子,就像别的蜂用毛毛虫、甲虫喂自己的孩子一样。一切东西都可以成为猎手或盗贼,就看你从怎样的角度去看待它。其实,我们人类是最大的猎手和最大的盗贼。他们偷吃了小牛的牛奶,偷吃了蜜蜂的蜂蜜,就像灰蝇掠夺蜂类幼虫的食物一样。人类这样做是为了抚育自己的孩子。自古以来人类不也总是想方设法地把自己的孩子拉扯大,而且往往不择手段吗——这不是很像灰蝇吗?

被压扁的沙子

艾萨克·阿西莫夫 著　孟庆任 译

本文选自艾萨克·阿西莫夫的《新疆域》一书。本文中,作者一开始并不急于对所要阐明的主旨进行论证,而是先引入"问题"——造成恐龙灭绝的原因是"撞击"还是"火山"? 摆出问题之后,才探讨"被压扁的沙子"斯石英。通过对斯石英性质和形成的研究,有力地证明了恐龙的灭绝是由于"撞击"而并非由于"火山"。

《被压扁的沙子》欣赏

文章的写作思路如下。全文分四部分。第一部分为第1段,引出说明对象。第二部分为第2~6段,探讨恐龙大灭绝,介绍两种学说"撞击说"和"火山说",揭示研究这一问题的重要意义。第三部分为第7~11段,解释斯石英的成因,重点说明其性质,为排除"火山说"提供科学依据。第四部分为第12~17段,依据科学理论,进一步断定有斯石英的地方肯定发生过撞击,而且肯定没有发生过火山运动,从而得出结论,恐龙灭绝的原因是撞击。

艾萨克·阿西莫夫(1920—1992年),美国著名的科普作家、科幻小说家,世界顶尖级科幻小说作家。他也是位文学评论家,是美国科幻小说黄金时代的代表人物之一。

在过去的9年里,科学家们一直对6 500万年前恐龙灭绝的一个新观点争论不休,这个问题最终也许会得到解决。

1980年，曾经有报道说，在一个6 500万年前形成的沉积物薄层中，发现了稀有金属铱，它的含量异常丰富。一些人认为，这可能是由于一个巨大的小行星或彗星撞击地球的结果。这种撞击也许深入到了地壳内部，引起火山喷发，造成大火和潮汐大浪。许多尘埃进入了平流层中，结果造成在很长一段时间内阳光无法抵达地球表面。这也许是导致包括所有恐龙在内的许多地球生物灭绝的原因。

毫无疑问，6 500万年前地球上曾有过一次"大灭绝"，发生过一次"大劫难"。然而，并不是所有的科学家都认为这是由巨大撞击引起的。例如，1987年就有人指出，如果地球突然经历了一个火山爆发期，许多火山大致同时喷发，那么也能造成一个足以使生物大量灭绝的巨大灾难。

因此，目前存在两种对立的理论，即"撞击说"和"火山说"。

这不仅仅是一个学术问题，因为我们将来也许还会遇到这样或那样的大灾难（万一哪天某个星体要撞击地球，我们也许会知道如何来避免这种撞击）。我们需要尽可能多地了解这种事件所产生的影响，希望将来一旦面临这种事件，我们可以采取某种应急措施。

为此，科学家们一直都在努力寻找证据来验证这两种理论。

1961年，一位名叫S. M.斯季绍夫的苏联科学家发现，如果二氧化硅（即非常纯的沙子）处于超高压的状态，那么它的原子相距很近，从而变得极为致密。一立方英寸被压扁的沙子比一立方英寸普通的沙子要重得多。这种被压扁的沙子因此被称为"斯石英"。

斯石英并不十分稳定，原子之间靠得太近以至于它们又出现相互排斥的趋势，最后又变为普通沙子。然而，由于原子之间结合得极为致密，所以这种反弹变化进行得非常缓慢，从而使斯石英可保持数百万年。

金刚石的形成与此相同。金刚石中的碳原子被挤压得异常紧密，它们同样存在一个向外扩散并且恢复为普通碳的趋势。在通常条件下，这也需要数百万年。

如果你把温度升得足够高，就可使这种变化加快。增温可以增加原子的能量，使它们之间能够相互分离，返回到原始状态。因此，如果在850℃的温度下把斯石英加热30分钟，它将变为普通沙子。（你也可以在真空中对金刚石加热，从而把它恢复到原始碳的状态，但谁愿意这样做呢？）

斯石英可以在实验室里制造，但它们在自然界中存在吗？回答是肯定的。然而它们只出现在沙子被强烈挤压的地方。

在一些地方已经发现了斯石英，而且有证据显示，这些地区曾经受到巨大陨石的撞击。撞击所产生的巨大压力形成了斯石英。另外，在进行过原子弹爆炸实验的场地也发现了斯石英，它是由膨胀火球的巨大压力形成的。

似乎可以肯定地说，斯石英也应该出现在压力极高的地壳深处。在这种情况下，它可通过火山喷发被携带到地表。然而，喷发温度极高，岩石会被熔化，所以任何由火山携带而来的斯石英都被转化为普通的二氧化硅。事实上，在火山活动地区至今没有发现过斯石英。

那么，你可能会说在斯石英出现的地方肯定发生过撞击，而且肯定没有发生过火山活动。

亚里桑那大学的J.F.麦克霍恩和几位合作者研究了新墨西哥州拉顿地区的岩层。岩层的年龄为6 500万年,因此可以追溯到恐龙灭绝的年代。

他们在1989年3月1日宣布,利用测试固体物质中的原子排列的现代技术,即核磁共振和X光衍射,他们确实检测到了在斯石英中存在的一种原子排列。

这种情况显示,在6 500万年以前曾有一次巨大的撞击并形成了数吨重的斯石英。这些斯石英在沉降之前曾被溅到了平流层中。那么,造成恐龙灭绝的原因不是火山活动,而应该是撞击。

大 雁 归 来

奥尔多·利奥波德 著　侯文蕙 译

本文属于事物说明文,运用的说明顺序是逻辑顺序。文章以"大雁归来"为题,首先点明了文章的写作对象,其次"归来"一词从表面上理解是指大雁归来,但透过实质,我们应该看到,"归来"二字还包含着作者对大雁的一种感情——喜爱,希望人们能够保持、珍爱像大雁一样的野生动物,让它们和人类和谐相处,成为人类真正的朋友。本文中有"爱鸟者"这个概念,作者称自己为"爱鸟者",的确,一个"爱"字贯穿全文,抓住这个"爱"字就容易从整体上把握课文内容。

奥尔多·利奥波德(1887—1948年),美国著名环境保护主义者、环保先驱人物,被称为"保护野生生物之父""美国野生生物管理之父""美国的先知",也被称为"一个热心的观察家,一个敏锐的思想家,一个造诣极深的文学巨匠"。

利奥波德长期从事林学和猎物管理研究。他一生出版的图书和发表的文章大部分都是有关科学和技术的。《沙乡年鉴》是他最著名的著作,是一本随笔和哲学论文集,是他一生观察、经历和思考的结晶。《土地伦理》是其中最有代表性的一篇文章。

一只燕子的来临说明不了春天,但当一群大雁冲破了三月暖流的雾霭时,春天就来到了。

如果一只主教雀对着暖流歌唱起春天来,却发现自己搞错了,它还可以纠正自己的错误,继续保持它在冬季的缄默;如果一只花鼠想出来晒太阳,却遇到了一阵暴风雪,也可以再回去睡觉;而一只定期迁徙的大雁,下定了在黑夜飞行200英里的赌注,它一旦起程再要撤回去可就不那么容易了。

向我们农场宣告新的季节来临的大雁知道很多事情,其中包括威斯康星的法规。十一月份南飞的鸟群,目空一切地从我们的头上高高飞过,即使发现了它们所喜欢的沙滩和沼泽,也几乎是一声不响。乌鸦通常被认为是笔直飞行的，但与坚定不移地向南飞行200英里直达最近的大湖的大雁相比，它的飞行也就成了曲线。大雁到了目的地，时而在宽阔的水面上闲荡，时而跑到刚刚收割的玉米地里捡食玉米粒。大雁知道，从黎明到夜幕降临，在每个沼泽地和池塘边，都有瞄准它们的猎枪。

　　三月的大雁则不同。尽管它们在冬天的大部分时间里都可能受到枪击，但现在却是休战时刻。它们顺着弯曲的河流拐来拐去，穿过现在已经没有猎枪的狩猎点和小洲，向每个沙滩低语着，如同向久别的朋友低语一样。它们低低地在沼泽和草地上空曲折地穿行着，向每个刚刚融化的水洼和池塘问好。在我们的沼泽上空做了几次试探性的盘旋之后，它们白色的尾部朝远方的山丘，终于慢慢扇动着黑色的翅膀，静静地向池塘滑翔下来。一触到水，我们刚到的客人就会叫起来，似乎它们溅起的水花能抖掉那脆弱的香蒲身上的冬天。我们的大雁又回来了。

　　第一群大雁一旦来到这里，它们便向每一群迁徙的雁群喧嚷着发出邀请。不消几天，沼泽地里到处都可以看到它们。在我们的农场，可以根据两个数字来衡量春天的富足：所种的松树和停留的大雁。1946年4月11日，我们记录下来的大雁是642只。

　　与秋天一样，我们的春雁每天都要去玉米地作一次旅行，但绝不是偷偷摸摸进行的。从早到晚，它们一群一群地喧闹着往收割后的玉米地飞去。每次出发之前，都有一场高声而有趣的辩论，而每次返回之前的争论则更为响亮。返回的雁群，不再在沼泽上空做试探性的盘旋，而像凋零的枫叶一样，摇晃着从空中落下来，并向下面欢呼的鸟儿们伸出双脚。那接着而来的低语，是它们在论述食物的价值。它们现在所吃的玉米粒在整个冬天都被厚厚的积雪覆盖着，所以才未被那些在雪中搜寻玉米的乌鸦、棉尾兔、田鼠以及环颈雉所发现。

　　通过对春雁集会的日常程序的观察，人们注意到，所有的孤雁都有一种共性：它们的飞行和鸣叫很频繁，而且声调忧郁。于是人们就得出结论：这些孤雁是伤心的单身。

　　我和我的学生注意到每支雁队组成的数字。六年之后，在对孤雁的解释上，出现了一束不曾预料的希望之光。从数字分析中发现，六只或以六的倍数组成的雁队，要比偶尔出现一只，多得多。换句话说，雁群是一些家庭，或者说是一些家庭的聚合体，而那些孤雁正好大致符合我们先前所提出来的那种想象，它们是丧失了亲人的幸存者。单调枯燥的数字竟能如此进一步激发爱鸟者的感伤。

　　在四月的夜间，当天气暖和得可以待在屋外时，我们喜欢倾听大雁在沼泽中集会时的鸣叫。在那儿，有很长一段时间都是静悄悄的，人们听到的只是沙锥鸟扇动翅膀的声音，远处的一只猫头鹰的叫声，或者是某只多情的美洲半蹼鹬从鼻子里发出的咯咯声。然后，突然间，刺耳的雁叫声出现了，并且带着一阵急促的混乱的回声。有翅膀在水上的拍打声，有蹼的划动而发出来的声音，还有观战者们激烈的辩论所发出的呼叫声。随后，一个深沉的声音算是最后发言，喧闹声也渐渐低沉下去，只能听到一些模糊的稀疏的谈论。

　　等到白头翁花盛开的时候，我们的大雁集会也就逐渐少下来。在五月来到之时，我们的沼泽便再次成为弥漫着青草气息的地方，那些红翅黑鹂和黑脸田鸡更给它增添生气。

　　1943年的开罗会议上人们发现，各国之间的联合是不可预期的。然而，大雁的这种联合观念已经有很长时间了。每年五月,它们都要用自己的生命来为实现这个基本的信念做赌注。

自更新世(第四纪的早期)以来,每年三月,从中国海到西伯利亚,从幼发拉底河到伏尔加河,从尼罗河到摩尔曼斯克,从林肯郡到斯匹次卑尔根群岛,大雁都要吹起联合的号角。

因为有了这种国际性的大雁迁徙活动,伊利诺斯的玉米粒才得以穿过云层,被带到北极的冻土带。在这种每年一度的迁徙中,整个大陆所获得的是从三月的天空洒下来的一首有益无损的带着野性的诗歌。

下篇 应用文

第五章　应用文概述

第一节　应用文的性质和特点

一、应用文的性质

人类最早的写作就是为了解决各种实际需要而开始的。就写作的目的而言,写作可以分成两大类,一类是文学写作,一类是应用写作。文学写作主要用于抒发作者主观情感,反映社会现实,是为人们欣赏而进行的艺术创作,如诗歌、小说、戏剧、散文等;应用写作是为了公务和个人事务而写的,用于解决实际问题。人们通常把应用型文章的写作称作应用写作。

应用文写作

应用文是人类在长期的社会实践活动中形成的一种文体,是国家机关、政党、社会团体、企事业单位在日常工作、生活中处理各种事务时,经常使用的具有阐释、交际、信守等的惯用格式文体,是人们传递信息、处理事务、交流感情的工具,有的应用文还用来作为凭证和依据。随着社会的发展,人们在工作和生活中的交往越来越频繁,事情也越来越复杂,因此应用文的功能也就越来越多了。应用文是人们在生活、学习、工作中为处理实际事务而写作,有着实用性特点,并形成惯用格式的文章。

综上所述,可以这样理解:应用文是各类企事业单位、机关团体和个人在工作、学习和日常生活等社会活动中,用以处理各种公私事务、传递交流信息、解决实际问题所使用的具有直接实用价值、格式规范、语言简约的多种文体的统称。

二、应用文的特点

1. 实用性强。应用文在内容上十分重视实用性。它是用来办事、解决实际问题的,具有很强的实用性。

2. 真实性强。"真实"是文章的生命,一切文章都要求具有真实性。对于这一点,各类文章要求不同。它反映的情况、问题和叙述的事实是客观存在的,发布、传达上级指示精神是确切的,不能经过任何艺术加工。

3. 针对性强。它根据不同的领域、不同的具体业务、不同的行文目的,选用不同的文种。

4. 时效性强。应用文在传递信息、解决实际问题方面取得好的效果,必须注意时间、效率,讲究时效性。一般来说,应用文往往是在特定的时间来处理特定的问题,尽快地传递相关信息,因此时效性很强。不及时发文,拖拖拉拉,或时过境迁再放马后炮,就会失去其实用价值。

5. 格式比较固定。应用文有其惯用的外观体式和主体风格。有不少体式是社会长期约定俗成的,也有一些体式由国家统一规定,如公文。还有一些应用文格式比较简单,不论体式如何,都是为了提高办事效率,更好地发挥它的工具作用。

第二节　应用文的要素和类型

一、应用文的要素

1. 主题。每篇应用文都要围绕着一个主题展开。主题越是具体专一,应用文就越容易写出。

2. 为谁而写。私人信件为家人、朋友、爱人而写;商务信件为生意伙伴而写;广告为一般大众而写;海报为某一群人而写。了解了为谁而写,就可以使应用文的内容适度而得体,使信息能全面地传达给对方。

与众不同的应用文

3. 写作目的。为什么要写这篇应用文?是要把信息提供给对方,还是要求对方提供信息?是洽谈生意还是联络感情?一篇应用文尽管确定了主题,有时却达不到目的,这是为什么?目的不明确,就会造成内容不确切,造成费解。

4. 文章的格式和结构。不同类型的应用文其格式和结构是不相同的。信件有信件的格式和结构,广告有广告的格式和结构。不了解各类应用文的格式和结构,就写不好应用文。

二、应用文的类型

(一)依用途分

指导性应用文,指具有指导作用的应用文,一般用于上级对下级的行文,如命令(令)、决定、决议、指示、批示、批复等。

报告性应用文,指具有报告作用的应用文,一般用于下级对上级的行文,如请示、工作报告、情况报告、答复报告、简报、总结等。

计划性应用文,指具有各种计划性质作用的应用文,常用于对某件事或某项工程等开始前的预计,如计划、规划、设想、意见、安排等。

(二)依性质分

一般性应用文,指法定公文以外的应用文。一般应用文又可以分为简单应用文和复杂应用文两大类。简单应用文指结构简单、内容单一的应用文,如条据(请假条、收条、领条、欠条)、请帖、聘书、文凭、海报、启事、证明、电报、便函等。复杂应用文指篇幅较长、结构较繁、内容较多的应用文,如总结、条例、合同、提纲、读书笔记、会议纪要等。

公务文书又称为公文,指国家法定的行政公务文书。一般情况下,公文主要有命令(令)、通告、批复、决定、请示、意见、函、纪要等。

(三)依行业分

传统意义上的应用文多指行政机关使用的公文,包括命令、批示、批转、批复(答复)、通知、通报、报告、请示、布告(通告)等通用性常用文体。随着社会经济发展及社会分工越来越细,为适应各行各业具体需要的专业类应用文文体应运而生,拓展了应用文的领域,增加和丰富了应用文的种类与内容。例如有以下几种应用文。

1. 财经应用文。财经应用文是各类只为财经工作所用的财经专业类文书,是专门用于经济活动的经济应用文体的统称。

财经应用文在内容和形式方面体现出两大特征。从内容方面来看,财经应用文是为解决某个特定的经济问题或处理某项具体的经济工作而撰写的文种,它的内容同经济活动有关,是经济活动内容的反映。从形式方面来看,财经应用文大都有着固定的体式,带有一定的程式化特点。

财经应用文又可分为:财税工作应用文、生产经营应用文、企业管理应用文、信息交流应用文等。

2. 银行应用文。银行应用文是银行企业在日常经营工作中所使用的一类应用文文体,它是在处理和解决银行如存款、信贷、计划、核算、管理等具体工作而撰写的文种,它的内容同银行的资金运动有关,是银行经营活动内容的反映。

银行应用文又可分为信贷工作文书(信贷工作计划、信贷、现金计划执行情况分析、投资信息与调查报告、基建和技改项目评估报告、银行财务决算报告、企业流动资金运用情况分析)、事务文书、内部管理工作文书等。

3. 外贸应用文。外贸应用文是对外经贸企业专用的一种使用外语的应用文体。它是从事对外投资贸易工作的业务人员在沟通、处理和解决对外经贸的具体工作时用外语撰写的专业文种。它最突出的特点:一是使用外语,或中外两种语言文字并存(一般在经贸合同中使用);二是基本结构、格式、用语及法律依据须符合国际惯例。

外贸应用文的内容包括以下几点。①对外公务、商务访问的文体。如邀请信、感谢信、请柬、回帖与名片、宴会讲话、国际经贸会议讲演。②业务通信。如业务信件、传真等。③投资与贸易合同、协议书等。

第三节 应用文的格式和专用语言

一、应用文的格式

1. 称呼。顶格,有的还可以加上一定的限定、修饰词,如"亲爱的×××"等。
2. 问候语。如"你好""近来身体是否安康"等。独立成段,不可直接接下文。否则,就会违反构段意义单一的要求,变成多义段了。

3. 正文。这是信的主体,可以分为若干段来书写。

4. 祝颂语。以最常见的"此致""敬礼"为例。"此致"有两种书写位置,一是紧接着主体正文之后,不另起段,不加标点;二是在正文之下另起一行空两格书写。"敬礼"写在"此致"的下一行,顶格书写。后应该加上一个感叹号,以表示祝颂的诚意和强度。称呼和祝颂语后半部分的顶格,是对收信人的一种尊重。是古代书信"抬头"传统的延续。古人书信为竖写,行文涉及对方收信人姓名或称呼,为了表示尊重,不论书写到何处,都要把对方的姓名或称呼提到下一行的顶头书写。它的基本做法为现代书信所吸收。

5. 署名和日期。写信人的姓名或名字,写在祝颂语下方空一至二行的右侧。最好还要在写信人姓名之前写上与收信人的关系,如"儿""父""你的朋友"等。再下一行写日期。

二、应用文的专业语言

应用文书有专用语言,常见的有以下 8 类。

1. 开头用语用于说明发文缘由,包括意义、根据、介绍背景材料及情况等。如为、为了;根据、按照、遵照、依照;鉴于、关于、由于;目前、当前;兹(指现在)、兹有、兹将、兹介绍、兹派、兹聘。

2. 承启用语用于连接开头与主体正文部分,起承上启下作用的惯用语。如根据……决定、根据……特通告如下、依据……公告如下;为了……现决定、为……通报如下;现就……问题请示如下、现将……(情况)报告如下、现就……问题提出如下意见;经……批准(同意)将有关事项通知如下、拟采取如下措施、经……研究……答复如下。

3. 引述用语用于批复或复函引述来文作为依据的用语。如悉(知道)、收悉、电悉、文悉、敬悉、欣悉。

4. 批转用语用于批转、转发、印发通知时的用语。如批示、阅批、审批、批转、转发、印发。

5. 称谓用语对各机关称谓的简称。如我(部)、贵(局)、你(省)、本(部门)、该(处)。

6. 经办用语表明工作处理过程或情况。如经、业经、兹经、未经;拟、拟办、拟定;施行、暂行、试行、可行、执行、参照执行、贯彻执行、研究执行;审定、审议、审发、审批;会议听取了、会议讨论了、会议认为、会议指出、会议强调、会议通过了、会议决定、会议希望、会议号召、会议要求、会议恳切呼吁。

7. 表态用语用于表态的语言。如不同意、原则同意、同意;不可、可办、照办;批准、原则批准。

8. 结尾用语有以下几种用法。①用于请示。如当否,请批示;如无不妥,请批转各地执行;妥否,请批复。②用于函。如请研究函复;盼复;请与复函;不知尊意如何,盼函告;望协助办理,并尽快见复。③用于报告。如请指正、请审阅。④用于批复、复函。如此复、特此专复、特函复。⑤用于知照性公文。如特此公告。

第六章 应用文写作范例

第一节 社交书信

常见的社交书信包括求职信、推荐信、邀请信、拒绝信等。

1.求职信。求职和应聘都是向用人单位自荐以谋求职位的行为,性质相同,所以广义的求职包括应聘。也有把求职、应聘统称为自荐的。二者的区别仅仅在于:求职是在不知用人单位聘人与否的情况下自荐,应聘是在已知用人单位招聘的情况下自荐。但就书信写作而言,它们的写作要求大致相同:①要说明求职的原因;②要恰如其分地介绍自己的学历、成绩、专长、优势,万不可给对方留下高傲、狂妄或平庸、卑琐的感觉;③了解对方,投其所需,即针对对方的需求或特点实事求是地推销自己,不介绍对方不感兴趣的内容;④言语简明,书写工整;⑤写明复信的地址或单位;⑥附寄个人简历、学历证书、资格证书、获奖证书、他人推荐信函等相关资料的复印件。

2.推荐信。推荐是向对方(单位或个人)介绍某人担任某项职务或工作,若与对方相熟,有时也可包括请托的意思。向读者或社会团体介绍美好的事物,希望它能被接纳,也叫推荐;但这里说的推荐只指荐人,不包括推荐事物。

写作推荐信应该做到:①要本着对双方负责的精神,实事求是地做负责的介绍,切不可故意溢美或掩恶;②要详细而具体地提供被荐人的情况,如说明被荐人的专长、优点、不足、家境等;③用语要诚恳、谦恭、委婉、有礼貌、切合身份,并留有余地,不可强求。

3.邀请信。邀请信用于邀请关系较密切的他人参加某项工作、活动或会议,可由组织单位发出,也可以个人名义发出。它与通知书不同的是:邀请信是邀请中兼有约定,带有礼仪性质;通知书纯属约定,没有礼仪性质。

写作邀请信,态度既要热情洋溢又要严肃认真,不可写错对方姓名,不可遗漏有关内容;信的主题要集中,只需写清相关的内容即可;语言要精练,篇幅要短小。规模较大、比较隆重的活动,如婚宴、庆典、重大学术会议等,宜用请柬,或将邀请信与请柬同时发出,不宜单用邀请信。

4.拒绝信。拒绝在一般情况下应是婉言推辞,即婉言谢绝别人的任命、邀请、馈赠、嘱托等,委婉地说明自己不愿或不能接受的原因,因此有人称这类书信为婉拒信。

写作拒绝信,一要陈述清楚自己拒绝的理由,对不愿做的事要表明自己的一贯立场,对不能做的事要讲清自己的为难之处;二要委婉谦和,讲求礼貌,即使同对方相交很深、关系很熟,以实相告时也不能让对方觉得难堪;三要态度明朗,虽是婉言谢绝,也不能模棱两可,更不能假言哄骗,表面上是推拒,骨子里却另有所图。

(一)

×××致××公司总经理

××公司总经理:

您好!

我是一名×××专业的大学生,有意加入贵公司,希望能为贵公司的发展做力所能及的贡献。

在校期间,我的成绩优异,多次受到学校的表彰和奖励。我也努力进行探索和研究,积极撰写专业论文,其中发表于《×××××》杂志的论文《××××××××××》荣获××××年度××省优秀大学生科研成果二等奖。

早就从新闻媒体得知,贵公司十分重视人才,办事效率很高,人际关系融洽,能使员工一心一意地投身科研和生产。今年上半年在贵公司实习期间,我更深切地体会到了这一点。若能在如此宽松、和谐的环境里工作,我一定更好地发挥自己的专业才能,更深入地进行自己喜欢的专业研究。

当然,想跻身条件如此优越的公司,绝非易事。但我相信,凭自己比较扎实的专业理论知识,熟练的专业操作技能,以及在××方面的突出专长,再加上贵公司崇尚平等竞争的风尚,我是有机会加入贵公司的。

请贵公司给我一个竭诚效力的机会!我热诚期待着您的答复。

此致

敬礼!

附:个人简历(略)

各科成绩一览表(略)

××教授推荐信(略)

××大学××系×××
××××年×月×日

(二)

×××出版社致×××

×××老师:

×××出版社诚邀您参加下周五在我社举办的××地区部分高校大学英语教学主管教师座谈会。届时希望了解兄弟院校大学英语听力教学情况和教材使用情况,并介绍我社新近出版的"××英语听力阶梯丛书"——《××英语听力——基础训练》《××英语听力——功能训练》《×××英语听力——情景训练》《×××英语听力——泛听》教材,然后赠送该套丛书。

  时间:××××年××月××日××时

  地点:×××出版社会议室

  联系人:×××出版社编辑部×××

  电话:××××××××

×××出版社

××××年××月××日

(三)

诺曼致弗雷德

亲爱的弗雷德:

  你在信中求我办的事当然并不麻烦。你的儿子约翰不大喜欢目前的工作,你认为他干其他活会更顺心一些。你知道一家大公司的总经理是我的朋友,问我是否能给他通个电话,为你的孩子美言几句。

  我对此的最初反应也许正是你所期待的。为什么不能呢?非常自然,再简单不过了。欣然从命!我拿起话筒。突然,一个古怪的念头闪过脑际。千事万事,我却想起一只猫。呆呆的,我放下了电话。

  上星期五,我看到了街道上的一个场面。人们放下手里的活,津津有味地往窗外观望。从对面的房子里,主妇的一只波斯猫跑了出来,爬上几层楼高的壁架。猫沿着壁架一直走到尽头,在那儿被吓呆了。它既不能向前走,又不想退下来,只是坐在那儿,漂亮可爱又孤立无援,哀怜地叫着。主人又是乞求,又是哄骗,又是发誓。后来,她叫来了消防队。消防队员架上梯子,总算把猫抱了下来。

  弗雷德,这就是我看过你的信后想起来的事情。我也想到了约翰。我还清楚地记得当他还是个小孩子的时候,就住在路的那一边;后来他跟我的孩子一起长大,最后大学毕了业。

  我还记得每当他要做出决定或想实现一个计划时,你总是免不了插手。还记得他打算造木屋那件事吧?你认为太危险,叫他不要干;当他考虑从大学休学一年,自己在社会上闯一闯的时候,你觉得那样做不明智,于是他也就作罢了;还有那个几乎与他成婚的女孩,你认为他还太年轻。现在他干的工作是你帮他找的,对不对?

  你求我帮一帮约翰,那好,我想我只有对你讲一讲这些话才是对他最大的帮助:别再干涉你儿子的生活了。让他长大,做个男子汉,而不是一个6英尺高、被无形的围裙拴住的依赖者。你知道为什么那只波斯猫在壁架上吓瘫了?因为它一直被关在屋里庇护起来,以致遇到连最普通的猫也能对付的情况时,就束手无策了。

  这个世界到处都是像约翰这样的孩子:举止文雅,脾气和顺,心地善良,但同时也犹豫不决、举棋不定以及胆小软弱。我在布道中见过这样的人。他有时迷惑不解,愤恨不满;有时又麻木不仁,冷漠懒散。是谁把他们弄成这个样子呢?是父母,是充满爱心、情真意切、小心谨慎的父母;是那些以十分无知地指导和保护孩子为开始,最终却由于过分庇护而扼杀了他们的父母。

我常听人们抱怨说,我们这个社会越来越难找到领袖了,即那些富有创造性、精力充沛、信心十足和勇敢无畏的男子和女子。也许我们不想得到他们,因为受到过分庇护的孩子根本不可能发展这些品质。如果每个困难都为他们解决了,他们为什么要发展呢?

大家都知道父母很容易掉进这个陷阱,我自己也曾与此斗争过。我是一个传道士,这是我的职责。所以我希望我的儿子当上牧师后,也应该全心布道。你知道他干什么了?他讲起了哲学。好吧,那是他的职责。我只能克制自己,让他走自己的路。

这的确是一个难题,因为你越爱孩子,你就越想保护他们,使他们避免犯你犯过的错误。可是他们必须犯错误,这是他们学习的最好途径。取消孩子犯错误的机会,就剥夺了他们长大成人的机会。

请允许我再说一个想法。我猜想约翰对工作不满的一个深刻原因,是他意识到那工作不是凭他自己找的。这样,他身上一些固有的男子汉特征对此根本不能接受。

如果你愿意,可以把约翰送到我这儿来。不过,我不会给他任何推荐信,我要给他一些忠告。我要催促他辞掉他父亲为他找的工作,走向社会。他会感到恐慌不定,但危机的挑战会鞭策他前进。

你一直为你的孩子自豪,也让他有机会为他自己自豪吧。

你的挚友诺曼

思考练习

一、本节所选各属何种书信?它们各有什么特点?

二、下面这封求职信,内容上少些什么?如何补上?有无多余的内容需要删去?用语是否得体?哪些句子不得体?怎样修改?

××服装厂:

前天接到我的老同学×××的来信,说贵厂公开招聘工会宣传干事。我是××学校音乐舞蹈专业的毕业生,在校读书时,学习成绩优秀,爱好大型雕塑,是学校游泳代表队的成员。贵厂就设在我的家乡,我想,调回家乡工作正合我的心意,而且工会宣传干事的职务也和我所学的专业对口。不知贵厂是否同意,请立即给我回信。

此致

敬礼

×××谨上
1999年4月28日

三、请修改下面这封拒绝信(部分)。

你叫我替你买××牌钢琴的事,我想,这种牌子的钢琴在你们那里脱销是暂时的,晚一点用它,死不了人。我工作很忙,替你买钢琴要花时间跑商店,又要花时间寄运,还要担责任。为这种事花我这么多时间和精力,值得吗?再说,你还要我设法买到出厂价,这是"开后门"的事,我不能干。我决定不帮你的忙了,你自己解决吧!

四、请写两封邀请信。一封信给老师,邀请他做学校读书会的辅导员;一封给校友,邀请他来参加"为发展我市幼教事业而奋斗"主题班会。

第二节 新 闻

新闻是迅速报道新近发生的事情的一种文体。它的突出特点是:真实准确,迅速及时,靠事实说话。

新闻有广义的和狭义的两种含义。广义的新闻包括新闻报道(消息、通讯、调查报告、新闻照片)以及新闻评论(社论、评论员文章、短评、编者按)。狭义的新闻专指消息。由于新闻评论可以归入议论文体,调查报告可以归入事务文书,所以一般来说,非科学含义上的新闻通常仅指各种类型的消息、通讯及新闻照片等。

消息是新闻媒体中最经常、最广泛使用的一种文体。它篇幅短小(最短的是标题新闻,只有一句话)、内容单一,以简要的文字(最多几百字)迅速报道新近发生的事情。

视觉新闻,常可见到"本报讯""××社××月××日电"等字样的电头。电头是消息的标志。

消息的主要表达方式是叙述。它具有时间、地点、人物、事情和为什么等五个要素(但具体写作中无须求全,而应有所侧重)。传统的消息写作,结构上有以下框架:

1. 标题。消息的标题常由引题、正题、副题三个部分组成,如课文所选第一篇新闻。第一行为引题,也叫眉题、肩题,它的作用是介绍背景、烘托气氛、说明事因、阐明意义、引出正题。第二行是正题,也称主题,用来揭示消息的中心内容和主要事实。第三行是副题,也称子题、辅题,作用是补充介绍事实或结果,或突出消息的思想意义,用以弥补正题的不足。这三种标题之中,正题是必不可少的,因为它是消息的内容提要;其他两种标题则可以灵活采用。这样,消息的标题就有了完全式(三题联用)、引主式(引题加正题)、主副式(正题加副题)、主题式(一题单出)等单行、双行、多行共三类四种组合方式。

2. 导语。导语是紧接在电头之后的第一句话或第一段话,为消息的导入部分。它的作用是介绍主要内容,揭示中心思想,并吸引读者或创设气氛。写法上,常有叙述式、描写式、提问式、结论式等多种表达方式。

3. 主体。主体部分是消息中展开主题的主要部分。它承接导语,对导语起申说、增进、补充的作用,具体地报道事实。写法上,既不能游离于导语的内容之外,又不能与导语内容重复,既要与导语紧密联系,又要别开生面;要将最重要、最新鲜、最吸引人的事实放在前面,体现出"倒金字塔"结构的特点;要力求言简意明。其他则大体上与一般叙事文章写法相同。

4. 结尾。有的消息有明显的结尾段落或语句,有的却无。有独立尾段的消息,其结尾部分或小结,或展望,或启发,或号召,写法同一般叙事文章相比并无大异。

5. 背景。背景又称背景材料或新闻背景,是与报道的事实有关的对比性、说明性、注释性的材料,包括新闻事件发生的原因、条件、环境,新闻人物的经历、家庭、社会关系、生活细节,以及其他有关的历史典故、风俗人情、科学常识等。提供背景材料可以帮助读者了解事实的来龙去脉,了解事实与周围事物的关系等,以加深读者的理解。但背景材料的位置在消息中并不固定,主体、导语、结尾中都可出现。有的消息无须交代背景,要交代的也都写得比较简要。

消息可以分为动态消息、经验消息、综合消息、评述消息四类。不管是写作何类消息,都要做到内容新鲜、事实准确、报道及时、"含金量"高、可读性强。

通讯与消息一样,也是一种以报道事实为主的新闻文体。它们的区别在于:①内容上,消息概括、简要、单一,通讯详细、深入、复杂、丰富;②时效上,消息要快,通讯可略迟、稍缓;③结构上,消息有一定的格式,通讯灵活多样;④表达上,消息以叙述为主,通讯可综合运用叙述、描写、议论、抒情,甚至借鉴文学手法;⑤语言上,消息求简明,通讯尚生动;⑥篇幅上,消息短,通讯长。

通讯一般分为人物通讯、事件通讯、工作通讯、概貌通讯、主题通讯(集纳通讯)和小通讯(新闻小故事)等几种。报刊上常见的访问记、见闻录、巡礼、纪行、侧记、掠影、花絮等,也都属于通讯。写作通讯、确立主题时要注意时代性,选取材料时要注意典型性,安排结构时要注意灵活性。

(一)

最强烈抗议北约轰炸我驻南斯拉夫使馆
我国政府发表严正声明①
以美国为首的北约必须对此承担全部责任
中国政府保留采取进一步措施的权利

新华社北京5月8日电 中华人民共和国政府今天发表声明,声明全文如下:

5月7日午夜,以美国为首的北约悍然使用3枚导弹,从不同角度袭击了中华人民共和国驻南斯拉夫联盟共和国大使馆,造成馆舍严重毁坏,迄今为止已有2人死亡,2人失踪,20余人受伤。

以美国为首的北约对南斯拉夫40多天的狂轰滥炸,已经造成无辜平民大量死亡,现在又居然轰炸中国大使馆。北约的这一行径是对中国主权的粗暴侵犯,也是对《维也纳外交关系公约》和国际关系基本准则的肆意践踏。这在外交史上是罕见的。

中国政府和人民对这一野蛮暴行表示极大愤慨和严厉谴责,并提出最强烈抗议。以美国

---

① 选自1999年5月9日《人民日报》。

为首的北约必须对此承担全部责任。中国政府保留采取进一步措施的权利。

(二)

我军大批军马退役团以上骑兵建制取消①

本报北京 3 月 20 日讯 周双丰报道　千军万马——"马"的概念需要来一个更新了。今天的人民解放军,伴随着集团军的出现,汽车、坦克、直升机已成为主要机动力量。铁马代替军马。

总部有关部门负责人今天说,我军大批军马已退役。团以上的骑兵建制已经取消。我国军队挥舞马刀驰骋疆场的时代已经结束。

在驻豫部队某部操场,我见到战士们给军马系上大红花,一位饲养了三年军马的战士对我说,这些军马的"户口"虽然取消了,但它们的功绩应载入我军史册。

列队欢送它们退役。

军马和我军曾有过不解之缘。早在三十年代初,我红二十五军就编有骑兵团,在土地革命战争、抗日战争和解放战争中,我英勇的骑兵用战刀砍得敌军落花流水,为建立新中国立下了不朽功勋。抗美援朝时,我三个炮兵师中就有两个靠骡马牵引,用劣势装备与强大的敌人对峙。五十年代初,我军官兵曾提出"兵强马壮"的口号,军马被战士们誉为"无言战友"。而今天。军马作为我军的主要机动力量已成为历史的一页翻了过去。

别了,可爱的军马!

(三)

首都大中小学师生为京城添新绿②
北京市义务植树日新植树木近 200 万株

本报 4 月 3 日讯(记者梁杰)　今天,4 月份的第一个星期日,是北京市义务植树日,首都各大中小学校师生放弃休息时间来到田野、山林参加义务植树活动。新栽下的近 200 万株青松翠柏、绿柳国槐为北京平添了几分春意。

在圆明园遗址,北京师范大学 3 个班的 50 多位来自港澳台地区的同学种下了 100 多株桧柏,取名"相思林",寄托着海峡两岸人民的日夜思念之情。北大、清华、民族学院等首都 17 所大学的近 5 000 名学生在北京图书馆新址及学校所属区域参加了义务植树;在顺义县牛栏山乡,北京西藏中学与顺义县牛栏山一中两所友好学校的藏、汉族同学 200 多人栽种了一片"民族团结林";在宣武艺园,北京 800 多名少先队员开展了"北京少年爱北京,人人争做绿色小卫士"主题活动。他们向全市 130 多万少年发出"不折枝,不摇树,不摘花,不踩绿地,不乱刻画,见到损坏树木行为要劝阻"的倡议,并向游人分发了 2 500 多份"市民、游客须知"。100 多名少年与 30 多位专家、教授一起在德胜门两侧栽下了 30 多株玉兰,名为"希望树"。

---

① 选自《新编应用文写作大全》(陕西人民出版社,2002 年)。
② 选自 1988 年 4 月 5 日《中国教育报》。

(四)

　　侃起今年菜价
　　知否,知否?
　　谁道"海棠依旧"①
　　最是"贱"菜难求②

　　今年广州的蔬菜价格"高音"刺耳,一连三个"高八度"闹得市民直摇头苦笑。

　　新年大吉,就奏起了"步步高"——餐桌上循例该放一碟生菜,讨个"生财"的好意头,不料生菜"铁价不二"500克5元;还有更令人吃惊的:菜心卖7元,荷兰豆直逼20元,广州人这回碰到"天价"了。

　　第二个"高音区"出现在5、6月,本该是瓜菜丰盈的夏旺季节,市道却一味淡淡,菜价自然是一味升升升。19年才巧遇一次的中秋、国庆两节相连,兴高采烈的市民却被"第三次浪潮"扫了兴:菜蔬贵得离谱,好像是专门为"大款"而设。

　　"高音"一唱,"低音"也不低,常年的菜价与过往任何一年相比,都是一个高位。据资料显示,今年以来,蔬菜价格较去年同期上升四成,远远高于同期社会零售物价指数,是近10年来升幅最高的。

　　广州今年以来菜价奇高,业内人士普遍认为气候异常固然是主因,因为在每一次高价位的背后都有一个灾字相随。1月14日到29日,1976年以来最强最长的寒潮袭击羊城,大批瓜菜苗被冻死;4到6月,罕见的连续豪雨,同期的降雨量比平常多了七成,大片菜田成泽国;至9月的15、16、18号三个台风接踵而至,风雨交加,尤其是18号强台风带来了183毫米的雨水,广州7万亩菜田被浸,受灾面积超过55%。但他们也认为,除不可抗御的自然因素外,也有人为的因素。随着广州市城区的急速膨胀,大量近郊的高产菜田被占用,而新菜田的建设一时跟不上,蔬菜生产抗御自然灾害能力弱;在发展市场经济大潮的冲击下,各级干部对蔬菜生产的注意力有所放松,使蔬菜生产过程中的问题得不到及时解决;流通体系和市场建设滞后,也给蔬菜生产和供应带来不利影响。

　　广州人可以二月食无鱼肉,但不可以无青菜。菜贵引起市民议论纷纷,也引起了相关政府工作人员的重视。早在7月份朱森林省长就指派调查组调查菜贵的原因,其后明确指出"有客观原因,也有主观原因"。紧接着黎子流市长也提出要"标本兼治"。蔬菜问题就这样摆在了广州人的面前!

---

① "海棠依旧"引用自南宋著名女词人李清照《如梦令》中"试问卷帘人,却道海棠依旧";"知否,知否?……最是'贱'菜难求"套用《如梦令》中的"知否,知否?应是绿肥红瘦。"
② 选自1993年11月5日《羊城晚报》,作者是该报记者潘伟文、陈冬青、蔡浩权。

（五）

二连浩特"手语市场"①

中、蒙两国边境草原上，有座占地面积1.9平方公里的"袖珍"小城——二连浩特。8月4日，记者来到这个边境小填，真热闹哇！这里成为开放城市后，八方云集，小城镇成了大市场。

居市中心的2 600平方米的民间交易市场，熙熙攘攘，人流如织。奇怪的是，这里没有喧嚣的叫卖声，人与人之间的对答用的是灵巧的"手语"。原来，在这里参与贸易的有我国的蒙古族、汉族，也有来自蒙古、俄罗斯、芬兰、波兰等国的人。特殊场合产生了特殊的语言——手语。交易双方几经出示手指头，便报了价，点头成交，摇头作罢。

据介绍，这市场来自浙江义乌、河北白沟的个体商贩占摊位有200多个。记者来到一个义乌商贩摊位前问生意如何？摊主满脸笑容地说："不瞒你说，这里行情好，有一天来运气，我卖了1 400顶凉帽。"我问他，与外国人做生意懂外语吗？他笑着摇头，并伸出十个手指头说："有这个就行了。"

旁边的一位俊秀姑娘，叫季红，前年高中毕业，从去年开始边跑生意边学俄语，现在日常用语已基本掌握。记者与她说话间，一位蒙古国女士来到摊位前，拿出一块机械手表要换三件绣花衬衣。季红把手表拿过来看了看，摇头不肯。她指着表伸出两个指头，指着衬衣，伸出五个指头，对方同意了。她说，这种表在国内市场一只可卖40元，她的衬衣每件9元批发出来，这笔生意还是划得来的。

旁边摊位来了几个黄头发"洋人"。他们看中了摊主的"羊绒衫"，于是又是一番手语对话，"洋人"以每件20美元买走了三件羊绒衫。

二连浩特"手语市场"越来越吸引着国内外顾客。

思考练习

一、本节选录的五篇新闻，各属何种新闻文体？它们各自是如何体现新闻特点的？

二、课文中的消息各属何类消息？它们在结构上有何异同？写法上有何特点？你能就学校中新近发生的事写则动态消息吗？

三、体味本节范文在写作上的特点，请自选题目练习写一篇通讯。

第三节 演 讲 词

学习提示

演讲词又称演说词或演讲稿，是人们在宣传活动和工作交流中常用的一种应用文体，常用

---

① 选自1992年8月12日《人民日报》，作者是傲腾。

于群众集会和某些公共场合,包括开(闭)幕词、欢迎(送)词、贺(悼)词、祝酒词、就职演讲词、比赛演讲词等。它有三个鲜明的特点:一是选题富有针对性,即所选的话题适合人们的现实需要,能针对人们最为关心或认识模糊而又难以解决的问题;二是内容比较集中,中心话题突出而鲜明;三是有强烈的感染力、说服力和鼓动性。

演讲词和演讲联系密切而又不是一回事。演讲是一种口头表达的艺术,以"讲"(有声语言)来表现主张、观点,以"演"(手势、表情、姿态)来增强感染力。只有"演"与"讲"的和谐统一,才能使声音美、韵律美、情感美、形象美综合达到完美的艺术境界。演讲可有命题演讲、论辩演讲和即兴演讲等不同的表现形式,除即兴演讲不能事先准备外,其他演讲都可以事先准备好演讲词。

演讲词按照表达方式的不同,可以概括为叙事型、议论型、抒情型和综合型等四个大类。其共同的写作要求是:①心中要有听众对象,做到有的放矢并形成真诚坦荡的亲切氛围;②选题要新颖,有真知灼见;③要事、理、情交融,立意要精当,能讲出听众感兴趣的新意和自己的观点,因事说理,理中含情,情理事相得益彰;④语言要通俗、生动、规范,忌用生僻艰深的词句,宜合理运用多种修辞手法,综合采用多种表达方式;⑤讲究结构,控制篇幅,内容安排要张弛有度、跌宕起伏,篇幅不可太长,一般以短小精悍为宜。

(一)

论鲁迅[①]

(1937年10月19日)

同志们:

今天我们陕北公学主要的任务是培养抗日先锋队。当这伟大的民族自卫战争迅速地向前发展的时候,我们需要大批的积极分子来领导,需要大批的精练的先锋队来开辟道路。这种先锋分子是胸怀坦当的,忠诚的,积极的与正直的;他们是不谋私利的,唯一地为着民族与社会的解放;他们不怕困难,在困难面前总是坚定的,勇往直前;他们不是狂妄分子,不是风头主义者,而是脚踏实地富于实际精神的人们。他们在革命的道路上起着向导的作用。目前的战局只是单纯政府与军队的抗战,没有广大的人民参加,这是绝对没有最后胜利的保障的。

我们现在需要造就一大批为民族解放而斗争到底的先锋队,要他们去领导群众,组织群众,来完成这历史的任务。首先全国的广大的先锋队要赶紧组织起来。我们共产党是无产阶级的先锋队,同时又是最彻底的民族解放的先锋队。我们要为完成这一任务而苦战到底。

我们今天纪念鲁迅先生,首先要认识鲁迅先生,要懂得他在中国革命历史中所占的地位。我们纪念他,不仅因为他的文章写得好,是一个伟大的文学家,而且因为他是一个民族解放的

---

① 选自《毛泽东文集》第2卷(人民出版社,1993年版)。这是毛泽东在延安陕北公园纪念鲁迅逝世周年大会上的讲话。

急先锋,给革命以很大的助力。他并不是共产党组织中的一人,然而他的思想、行动、著作,都是马克思主义的。他是党外的布尔什维克。尤其在他的晚年,表现了更年轻的力量。他一贯地不屈不挠地与封建势力和帝国主义作坚决的斗争,在敌人压迫他、摧残他的恶劣的环境里,他忍受着,反抗着,正如陕北公学的同志们能够在这样坏的物质生活里勤谨地学习革命理论一样,是充满了艰苦斗争的精神的。陕北公学的一切物资设备都不好,但这里有真理,讲自由,是造就革命先锋分子的场所。

鲁迅是从正在溃败的封建社会中出来的,但他会杀回马枪,朝着他所经历过来的腐败的社会进攻,朝着帝国主义恶势力进攻。他用他那一支又泼辣,又幽默,又有力的笔,画出了黑暗势力的鬼脸,画出了丑恶的帝国主义的鬼脸,他简直是一个高等的画家。他近年来站在无产阶级与民族解放的立场,为真理与自由而斗争。鲁迅先生的第一个特点,是他的政治的远见。他用望远镜和显微镜观察社会,所以看得远,看得真。他在一九三六年就大胆地指出托派匪徒的危险倾向,现在的事实完全证明了他的见解是那样的准确,那样的清楚。

鲁迅在中国的价值,据我看要算是中国的第一等圣人。孔夫子是封建社会的圣人,鲁迅则是现代中国的圣人。我们为了永久纪念他,在延安成立了鲁迅图书馆,在延安开办了鲁迅师范学校,使后来的人们可以想见他的伟大。

鲁迅的第二个特点,就是他的斗争精神。刚才已经提到,他在黑暗与暴力的进袭中,是一株独立支持的大树,不是向两旁偏倒的小草。他看清了政治的方向,就向着一个目标奋勇地斗争下去,绝不中途投降妥协。有些不彻底的革命者起初是参加斗争的,后来就"开小差"了。比如德国的考茨基、俄国的普列汉诺夫就是明显的例子。在中国这等人也不少。正如鲁迅先生所说,最初大家都是左的,革命的,及至压迫来了,马上有人变节,并把同志拿出去献给敌人作为见面礼。鲁迅痛恨这种人,同这种人做斗争,随时教育着训练着他所领导下的文学青年,教他们坚决斗争,打先锋,开辟自己的路。

鲁迅的第三个特点是他的牺牲精神。他一点也不畏惧敌人对他的威胁、利诱与残害,他一点不避锋芒地把钢刀一样的笔刺向他所憎恨的一切。他往往是站在战士的血痕中,坚韧地反抗着、呼啸着前进。鲁迅是一个彻底的现实主义者,他丝毫不妥协,他具备坚决的心。他在一篇文章①里主张打落水狗。他说,如果不打落水狗,它一旦跳起来,就要咬你,最低限度也要溅你一身的污泥。所以他主张打到底。他一点没有假慈悲的伪君子的色彩。现在日本帝国主义这条疯狗,还没有被我们打下水,我们要一直打到它不能翻身,退出中国国境为止。我们要学习鲁迅的这种精神,把它运用到全中国去。

综合上述这几个特点,形成了一种伟大的"鲁迅精神"。鲁迅的一生就贯穿了这种精神。所以,他在文学上成了一个了不起的作家,在革命队伍中是一个很优秀的很老练的先锋分子。我们纪念鲁迅,就要学习鲁迅的精神,把它带到全国各地的抗战队伍中去,为中华民族的解放

---

① 该文章指鲁迅 1925 年 12 月 29 日写的《论"费厄泼赖"应该缓行》一文,发表在 1926 年 1 月 10 日《莽原》第 1 期。

而奋斗！

（二）

学做一个人[①]

我要讲的题目是"学做一个人"。要做一个整个的人，别做一个不完全的人。中国虽然有四万万人，试问有几个是整个的人？诸君，试想一想："我自己是不是一个整个的人？"

《抱朴子》上有几句话："全生为上，亏生次之，死次之，迫生为下。"

但是何种人算不是整个的人呢？依我看来，约有五种：

（一）残废的——他的身体有了缺欠，他当然不能算是整个的人。

（二）依靠他人的——他的生活不是独立的；他的生活只能算是他人生活的一部分。

（三）为他人当作工具用的——这种人的性命，为他人所支配，没有自己独立的人格。

（四）被他人买卖的——被贩卖人口所贩卖的人，就是猪仔；或是受金钱的贿赂，卖身的议员，就是代表者。

（五）一身兼管数事的——人的一分精神，只能专做一件事业，一个人兼了十几个差使，精神难以兼顾，他的事业即难以成功。结果是只拿钱不做事。

我希望诸君至少要做一个人；至多也只做一个人，一个整个的人。做一个整个的人，有三种要素：

（一）要有健康的身体——身体好，我们可以在物质的环境里站得稳固。诸君，要做一个80岁的青年，可以担负很重的责任，别做一个18岁的老翁。

（二）要有独立的思想——要能虚心，要思想透彻，有判断是非的能力。

（三）要有独立的职业——要有独立的职业，为的是要生利。生利的人，自然可以得到社会的报酬。

我觉得中学生有一个大问题，即是"择业问题"。我以为择业时要根据个人的才干和兴趣。做事要有快乐，所以我们要根据个人的兴趣来择业。但是我们若要做事成功，我们必要有那样的才干。

我曾作了一首白话诗，论人要有独立的职业：

滴自己的汗，吃自己的饭。

自己的事，自己干。

靠人，靠天，靠祖先，都不算好汉。

现在我们专讲"学"和"做"两个字，要一面学，一面做，"学"和"做"要连起来。英语 Learn by doing，也就是这个意思。我们要应用学理来指导生活，同时再以生活来印证学理。

将来诸君有的升学，有的就业，但是为学的方法全要研究。学农的人要有科学的脑筋和农夫的手；学工的人，也要有科学的脑筋和工人的手。这样他才可以学得好。

我希望到会的个人，是四万万人中的一个人。诸君还要时常想：

[①] 这是人民教育家陶行知先生1925年底在南开中学的演讲词。

中国有几个整个的人?

我是不是一个整个的人?

一、《论鲁迅》一文是怎样评价和论述鲁迅先生的伟大革命精神的?文章是否具备演讲词的特点?为什么?

二、仔细体会演讲词的写法,以"再见了,亲爱的母校"为题,写一篇演讲词。

第四节 合 同

在社会生活中,单位之间、个人之间或单位与个人之间,为了实现一定的目标,常需依据有关的法律规定,协商并以书面的形式确认彼此的权利和义务。这种双方(或几方)当事人关于确立、变更或终止相互权利义务关系的书面协议,就叫合同。它是特定民事主体之间的一种契约,是双方或多方当事人之间协商一致的法律行为和有偿协议,不仅可以保护当事人的合法权益,而且可以维护社会秩序,加强协作与管理,促进国民经济的发展。经过法定机关鉴证或公证的合同,具有法律效力,并受法律保护。

合同和商品说明书

合同的种类很多。按当事人的国籍关系不同,可分为国内合同与涉外合同;按合同内容,可分为经济合同、技术合同、人员聘用合同、文化交流合同、社会服务合同等。目前经济领域中使用的合同,可分为购销合同、建筑工程承包合同、加工承揽合同、货物运输合同、供用电合同、仓储保管合同、财产租赁合同、借款合同、财产保险合同等。本节所选,一为经济合同(加工承揽合同),一为劳动合同。

合同的形式,可分为条文式与表格式两大类型。也有分为自拟式、专业式与规范式的。目前使用的合同,凡有合同管理机关和业务主管部门规定了合同示范文本的,应按固定格式规范填写;无示范文本而需自拟的,写作时应注意以下几点。

1. 标题需准确、简明地写清合同的性质与名称,如"建筑工程承包合同"。

2. 当事人名称在合同标题之下,分别列项写明签订合同双方或多方当事人的名称。名称应写全称。为下文行文方便,可在当事人名称旁注明"甲方""乙方"。

3. 正文包括前言、主体、结尾三部分。

(1)前言。简要说明订立合同的目的和依据。

(2)主体。在前言下面另起行分项写明双方议定的条款。内容应当包括:标的(货物、劳务、工程项目),数量和质量,价款或酬金,履行的期限、地点和方式,违约责任,双方商定的其他条款,等等。

(3)结尾。写明附件名称、有效期限、正副本份数、交存机构等。

4.落款。在条款右下方写明当事人单位及代表人姓名(签章),当事人的地址、电话、开户银行、账号,合同订立的日期,鉴证或公证的机关名称及其代表人姓名(签章)等。订立合同时,要体现合法、求实、平等互利、等价有偿的原则,做到格式规范、表达准确、严肃认真、符合程序。

体会下面两份合同的写法,注意其内容、格式、表达等方面的特点。

 (一)

套服加工承揽合同

××××年××月××日××幼儿园(简称甲方),与××市第一服装厂(简称乙方),为带料加工灰花呢套服一事,经双方协商,签订加工承揽合同如下:

(一)乙方为甲方加工灰花呢套服××套,每套加工费××元,合计加工费××××元。

(二)套服纽扣及衣钩等零件均由乙方负责,不再增加费用。

(三)套服加工要保证质量,按封存样品验收。

(四)套服的尺寸大小严格按照量体记录。但由于乙方原因,穿着不合适时应按甲方要求做必要的修改。

(五)验收后,交款提货。

(六)送料后15天内交付成品,即××月××日取货。

(七)如一方违约,按总衣价的30%付给对方违约金,并赔偿由此造成的实际损失。

(八)本合同经甲乙双方法人代表签章并加盖公章后生效。

(九)本合同正本一式两份,甲乙双方各执一份。副本××份,分送双方主管部门及合同鉴证机关各一份。

甲方:法人代表×××　　　　　　　　　　　　　　　　　　　(签章)
单位全称:××幼儿园　　　　　　　　　　　　　　　　　　　(公章)
　　　　　　　　　　　　　　　　开户银行及账号:××银行×××分理处
　　　　　　　　　　　　　　　　　　　　　　　　账号:×××××

乙方:法人代表×××　　　　　　　　　　　　　　　　　　　(签章)
单位全称:××市第一服装厂　　　　　　　　　　　　　　　　(公章)
　　　　　　　　　　　　　　　　开户银行及账号:××银行×××分理处
　　　　　　　　　　　　　　　　　　　　　　　　账号:×××××

合同鉴证机关:××市工商行政管理局　　　　　　　　　　　　(公章)
　　　　　　　　　　　　　　　　　　　　　　　××××年××月××日

(二)

劳动合同书

甲方：_____

乙方：_____

××市糖业烟酒副食品总公司

姓名		性别		文化程度	
出生年月		民族		政治面貌	
技术职称		现任职务		原身份	
家庭住址	市　　　　区				
个人简历					
家庭主要成员					
备注					

合同条款

根据《中华人民共和国劳动法》，××市糖业烟酒副食品总公司(下称甲方)因(生产)工作需要与_____(下称乙方)在平等、自愿和协商一致的原则下订立以下劳动合同，并共同遵守。

甲、乙双方同意执行《××市糖业烟酒副食品总公司全员劳动合同制实施办法》，并确认该劳动合同为双方形成劳动关系和解决劳动争议的合法依据。

甲、乙双方应认真执行国家和省、市有关劳动政策、法规规定，乙方应参与企业的民主管理、劳动竞赛和合理化建议活动。甲方应鼓励和保护乙方的技术革新和发明创造,表彰先进,提倡乙方参加社会主义劳动竞赛。

一、合同期限

本合同从_____年____月____日起到_____年____月____日止,为期____年____个月。试用期为____个月。

本合同从_____年____月____日起到乙方退休时止,为无固定期限合同。

二、甲方的责任、义务和权利

(一)责任和义务

1. 根据企业生产经营需要,为乙方提供必要的生产工作条件和符合国家规定的劳动保护设施,确保乙方在生产工作中的人身安全和健康。

2. 甲方根据经营状况和工资分配制度,向乙方支付不低于国家规定最低工资标准的劳动报酬,并对乙方履行岗位合同、工作目标责任书情况进行考核、奖惩。

3. 按照国家有关规定,及时足额为乙方缴纳相关保险和住房公积金。

4. 负责对乙方进行政治思想、职业道德、业务技术、安全生产、服务卫生、遵纪守法等方面的教育和培训。

5. 有下列情况之一者,甲方不得解除乙方劳动合同:

(1)乙方患职业病或因工负伤被确认丧失或部分丧失劳动能力的;

(2)乙方患病或负伤,在规定的医疗期内的;

(3)女职工在孕期、产期、哺乳期内的;

(4)法律法规规定的其他情形。

(二)权利

根据《××市糖业烟酒副食品总公司全员劳动合同制实施办法》,乙方有下列情况之一者甲方可以解除劳动合同:

1. 新招收的职工在试用期内,发现不符合录用条件的;

2. 严重违反劳动纪律或企业规章制度,严重失职,营私舞弊,给企业利益造成重大损害的;

3. 被依法追究刑事责任的;

4. 符合开除、除名、辞退条件的。

有下列情况之一者,可以解除劳动合同,但需提前30日以书面形式通知乙方:

1. 因病或非因工负伤,医疗期满后仍不能从事原工作,也不能从事由甲方另行安排工作的;

2. 不能胜任工作,经过培训或调整工作岗位,仍不能胜任工作的;

3. 劳动合同订立时依据的客观情况发生重大变化,致使原劳动合同无法履行,经甲乙双方协商不能就变更劳动合同达成协议的;

4. 根据《劳动法》有关规定,经企业职代会审议通过,甲方认为可以解除劳动合同的其他情况。

三、乙方的责任、义务和权利

(一)责任和义务

1. 自觉遵守国家的政令法纪和甲方的各项规章制度、劳动纪律,服从甲方领导和管理;

2. 积极参加甲方组织的政治学习和职业道德、业务技术、安全生产、服务卫生、遵纪守法等方面的培训和教育;

3. 努力完成岗位合同规定的指标和甲方下达的工作、生产任务;

4. 爱护生产设备和工具,节约原材料和能源,认真执行安全生产操作规程;

5. 按劳动政策有关规定缴纳××金;

6. 保守甲方经济和技术秘密;

7. 乙方要求解除劳动合同应提前30日以书面形式通知甲方。

(二)权利

1. 在合同期间,享有劳动、学习、培训、参与企业民主管理和获得政治荣誉和物质奖励的权利;享有国家及企业规定的劳动报酬、劳动保护、劳动保险和医疗待遇;享有节假日、婚丧假、探亲假,女职工享有孕产假,以及国家规定的其他待遇;享受国家规定的标准工15%风险性工资补贴。

2. 根据《××市糖业烟酒副食品总公司全员劳动合同制实施办法》有下列情况之一者,乙方可以随时通知甲方解除劳动合同:

(1)在试用期内;

(2)甲方未按照合同约定支付劳动报酬或提供劳动条件的;

(3)甲方以暴力威胁或者非法限制人身自由的手段强迫劳动的。

四、本合同书一经签订鉴证,即产生法律效力,双方均应严格遵守,认真执行。任何一方违约,均应承担违约责任,自觉履行劳动行政部门仲裁裁决。

五、甲方与乙方中的管理人员解除劳动合同,应先按管理权限,由有关管理部门做出解聘或免职决定,再办理解除劳动合同手续。甲方解除乙方的劳动合同,要严格执行政策规定,集体研究决定,并征求工会意见。若工会提出异议,经复议后再做出决定。解除劳动合同决定要通知或送达本人后生效,并按原身份报公司组织人事部门备案。

六、因履行合同发生争议,当事人应当依照《中华人民共和国企业劳动争议处理条例》申请调解或仲裁,不得采取激化矛盾的形式,影响正常的生产工作秩序。

七、合同正本一式××份,甲、乙双方各执×份,企业工会×份,自签订鉴证之日起生效。如有未尽事宜,凡属国家和上级有关规定,按有关规定执行。凡属国家和上级没有规定的,由甲乙双方协商修订补充,作为合同附件执行。

八、甲、乙双方需要约定的其他内容:＿＿＿＿＿＿＿＿＿＿＿＿＿＿＿＿＿＿。

九、本合同由企业工会监督执行。

甲方(签章)　　　　　　　　　　　　　　乙方(签章)

　　年　月　日　　　　　　　　　　　　　　年　月　日

甲方法定代表　　　　　　　　　　　　　劳动部门鉴证意见：
或委托代理人：(签章)

　　　　　　　　　　　　　　　　　　　　鉴证员：(盖章)

　　年　月　日　　　　　　　　　　　　　　年　月　日

思考练习

写作合同,要做到内容完备,条款齐全;规定具体,表述周密;书写工整,文面整洁。下面是一份《临时劳动协议书》,假如你去该店劳动而又不满意它的写法,你将如何对它进行修改?

甲方：××××商店

乙方：_____

甲方为做好市场供应,准备延长营业时间,因此招收本校职工子女临时进店售货。经甲方审批同意,乙方愿到甲方劳动,特签订本协议如下：

(一)甲方提供劳动场所,乙方要服从分配,并遵守商店的一切规章制度。

(二)劳动时间和期限

乙方到甲方临时参加劳动,每天劳动8小时,劳动期限从××××年××月××日至××××年××月××日。甲方因任务完成或其他原因要求解除协议时,需提前3天通知乙方;乙方因招工、升学或其他原因要求解除协议时,也需提前3天通知甲方。

(三)劳动报酬

乙方劳动一天由甲方付给劳动报酬(按天计酬,月终结算);整月劳动,由甲方付给伙食补贴××元;劳动不足15天时,由甲方付给伙食补贴××元。甲方不提供其他福利待遇。

(四)甲方有责任向乙方进行安全生产的教育。乙方应按甲方要求认真遵守操作规程。如出现工伤事故由乙方自己负责。

(五)如劳动期限需要延长,甲乙双方另议。

(六)本协议一式三份。甲、乙方各一份,报学校一份。

第五节　诉讼文书

诉讼文书是指在刑事、民事及行政诉讼活动中,由诉讼当事人或其委托的代理人、律师,依

据法律规定而制作的专门诉状,包括口头表述的提纲或文稿。

诉,是控告诉说。讼,是争辩是非。所以诉讼文书可以分为诉状类(诉状、上诉状、申诉状)和论辩类(答辩状、辩护词、代理词)两个大类。其中,每种诉讼文书又可按照性质不同分为刑事×状、民事×状、行政×状三种门类。本节所选诉讼文书,一为刑事自诉状;一为民事答辩状。

阅读课文,主要应把握诉讼文书的写作格式。从结构上看,诉讼文书应由首部、正文、尾部、附项四个部分组成。

1. 首部。包括书状名称(标题)和当事人基本情况。

①书状名称(标题)。如"民事""起诉状""民事答辩状"。

②当事人基本情况。诉状应先写原告,后写被告。如系公民起诉,应分别写明原告和被告的姓名、性别、出生年月日、民族、籍贯、职业、工作单位和住址等;如系法人或其他组织起诉,应写明法人或其他组织的名称、所在地址和法定代表人或主要负责人的姓名、职务。答辩状则写清答辩人的基本情况。

2. 正文。诉状应写明诉讼请求、事实与理由及证据,答辩状应写明答辩事由、答辩理由和答辩请求。

①诉讼请求。即请求人民法院解决什么问题。

②事实和理由。即据以要求人民法院支持自己诉讼请求的事实依据和法律依据。要摆清事实,讲明道理,做到有理有据,不强词夺理。

答辩状的答辩事由应写明对什么人、什么案件做出答辩。答辩理由和答辩请求的写法,可以参照对诉状写法的要求。

3. 尾部。换行另起,写明致送人民法院名称,具状人签名盖章并署日期。

4. 附项。写明:①本状副本份数;②证物若干;③书证件数;④证人的姓名、住址。

体会范文写法。如有必要,可以学写一篇起诉状或答辩状。

(一)

刑事诉状

自诉人:关××,男,52岁,满族,原籍北京,×××中学教员,住××区××胡同××号。

被告人:牛××,男,50岁,汉族,×××房管局干部,业余拳师,住××区××胡同××号。

案由:伤害。

诉讼要求:

1. 追究被告人故意伤害罪的刑事责任;

起诉状和申诉状

2. 被告人负担自诉人治伤的全部医疗费；

3. 被告人赔偿自诉人误工工资及护理人工资；

4. 拆除违章建筑，恢复自诉人窗户。

事实与理由：

自诉人与被告人是同院邻居。本院房屋原系自诉人私有，后被房管部门收归公有，被告人在后院自盖北房三间，并将原有一间西房占有，搬来居住。落实房屋政策时，自诉人要求收回后院小西屋，引起被告牛某不满，扬言要把自诉人打残、挤走。后经房管所"调解"，自诉人将所有房屋交公完事。××××年××月××日，被告人为其次子牛×准备结婚而又在院里盖房一间，堵住自诉人一个后窗，被告人同时新盖一小厨房又挡住自诉人另一后窗。自诉人以理相求，找出民法和环境保护法的有关条文，请他停止侵害，不要挡住窗户。被告人当即站在当院漫骂："你×××给我滚！"还招呼两个儿子和来帮工的几个徒弟不顾邻居劝解将自诉人围住痛打一个多小时。自诉人始终没还手，只是喊："打人犯法！"被告人当众大叫："老子就揍你，看你有么法儿！你×××爱哪哪去！老子哪都有人！"说罢用木棒狠击自诉人头部，致使血流不止、晕倒在地。后经邻居苏××送×××医院抢救脱险，头部伤口缝合6针，经检查，中度脑震荡，肋骨折断2根，身上青紫瘀血11处，现已住院两月尚未痊愈。同时，家中除自诉人儿子在海南、孙子当时在幼儿园未归外，老妻、儿媳、女儿均受到辱骂、推搡和殴打。

被告人身为国家干部，竟目无法纪，仗势欺人，殴打、辱骂并唆使其儿子、徒弟打骂自诉人全家，致使自诉人脑震荡、肋骨骨折和多处受伤。被告人这种行为极为恶劣，后果严重。根据《中华人民共和国刑法》第一百三十四条第二款的规定，已构成故意伤害罪。为维护法律尊严、社会安定和公民人身权利不受侵犯，请人民法院依法判处。

此致

××市××区人民法院

自诉人：关×××（签字）

××××年××月××日

附

1. ×××医院诊断书、病例、透视照片各壹份，共叁拾壹页。

2. 证人：邻居伶××、苏××、居委会副主任苟××。

（二）

民事答辩状

【格式】

民事答辩状

（公民对民事起诉提出答辩用）

答辩状和仲裁申请书

答辩人		
		一案
因		
提出答辩如下：		
此致		
人民法院		
附：本答辩状副本　　份		
		答辩人：
		年　月　日

注：1. 本答辩状供公民对民事起诉提出答辩用，用钢笔或签字笔书写。

2. "答辩人"栏，应当写明姓名、性别、出生年月日、民族、籍贯、职业或工作单位和职务、住址等。

3. 答辩中有关举证事项，应具体写明证据及其来源、证人姓名及其住址。

4. 答辩状副本份数应按原告的人数提交。

【例文】

民事答辩状

答辩人：胡××，男，××××年××月××日出生，汉族，××省××县人，××公司职工，住××市××路××公司家属院××号楼××单元××号。

因崔×禄、崔×海、崔×泉等诉我人身损害赔偿一案，提出答辩如下：

原告诉称：因被告威胁、恐吓致崔×禄之妻鲁××死亡，要求被告赔偿原告经济损失共计人民币 35 000 元。答辩人认为，原告诉请于法无据，不应支持，其事实和法律依据如下：

原告与答辩人系邻居，原告崔×禄是原告崔×海、崔×泉之父，死者鲁××系崔×禄之妻。

××××年××月××日下午××时许,崔×海之子崔×(13岁)与答辩人之子胡×(9岁)在楼下玩耍时发生吵打。崔×将胡×的脸部抓伤流血。答辩人得知后,便拉着崔×到崔×禄家门口评理。鲁××及崔×之母不仅毫无歉意,反而恶语伤人,让答辩人把自己的儿子管好就行了。我见崔家人如此不讲理,加之崔×平时经常欺负我的儿子,一时气愤难忍,便骂了崔家人,当时鲁××也与我对骂,后楼上的邻居将双方劝开,各自回家。我仅与鲁××等进行了对骂,再无其他行为,此过程也仅持续了十来分钟,不料,鲁××回家后发病,于次日凌晨死于脑溢血。原告诉称,是由于答辩人的威胁、恐吓致鲁××死亡,并要答辩人承担民事赔偿责任。答辩人认为这是毫无道理的。

首先,答辩人的行为与鲁××死亡之间没有直接的、必然的联系。答辩人和鲁××骂架是出于气愤。骂人固然不对,但尚构不成违法,况且鲁××也与我对骂,事情也是由崔家的孩子打伤我的孩子引起的。答辩人骂人的行为可能使鲁××情绪激动,充其量也不过是鲁××大脑出血的一个诱因,绝不可能直接致其死亡,如没有鲁××患高血压这一根本性的原因,其死亡的后果绝不可能发生。实际生活中骂架是时有发生的,难道人都可以被骂死?所以,鲁××的死非答辩人的行为所致,二者之间毫无因果关系。

其次,答辩人在与鲁××等骂架时,无法预见自己的行为会诱发鲁××大脑出血。因为当时我根本不知道鲁××患有高血压。通常情况下,吵骂也不会导致如此严重的后果。所以对于鲁××的死,答辩人既非故意,也无过失,也就是说答辩人毫无过错。

既然鲁××的死与答辩人的行为之间毫无因果关系,而且答辩人在主观上也无过错,那么,对于鲁××的死又何以要答辩人承担侵权损害赔偿责任呢?所以,原告的诉请无事实依据,同时也毫无法律依据。

鉴于此,答辩人恳请人民法院明察,依法驳回原告的诉讼请求,以维护答辩人的合法权益。

此致
××××人民法院
  附:本答辩状副本××份

答辩人:胡××
××××年××月××日

第六节 计 划

  计划是单位或个人在一定时间内要完成的某项工作的事前安排与打算。制订计划是科学的管理方法之一,对指导、推动、保证工作任务的完成具有重要的作用。

什么是计划

计划的种类很多。按内容分,有工作计划、生产计划、学习计划、科研计划等。按范围分,有个人计划、单位计划、部门计划等。按性质分,有专题计划、综合计划等。按形式分,有条文式计划、表格式计划等。按时间分,有长期计划、中期计划、短期计划等。

计划在写法上没有固定的格式。条文式计划一般由标题、正文、结尾三部分构成。

1. 标题:包括制订计划的单位名称、计划的内容和期限。如《××市××××年国民经济和社会发展计划》。短期计划可将"计划"二字写作"安排""打算";三年以上的计划常写作"规划";初步的、非正式的计划可写作"设想";向所属单位布置工作、交代政策的计划可写作"要点""方案""意见"。标题中的其他内容不变(有时可省写制订者部分)。

2. 正文:开头简要说明在什么条件下,依据什么制订本计划,主要目的是什么。主体部分需体现出"计划三要素",即写出目标(做什么)、措施(怎么做)和步骤(工作程序与时间安排)。

3. 结尾:包括计划制订者落款和日期(标题中已标出制订单位的,可只写日期)、附件、报送单位等。通常只有落款和日期。

编写计划,要符合方针政策,要有全局观念,要从实际出发,要集思广益并留有余地。

计划的结构与写法

(一)

××学校××××年工作要点

党的××届×中全会的召开如春风扑面,我们对××××年的工作更加充满信心。在新的一年里,我们的指导思想是:全面贯彻省委××[××××]××号文和省府××[××××]××号文,深化改革,转变观念,主动适应社会主义市场经济对职业技术教育的要求,整肃纪律,规范管理,进一步提高学校管理水平和教学质量。

××××年,我们的目标是:

——以评上省、部级重点中专学校为动力,以解决办学水平评估中找出来的薄弱环节为着力点,长善救失,推动学校各项管理的规范化,提高学校的综合管理水平;

——把握职教发展的时机,根据社会需要,扩大办学规模。计划招生800人,其中:中专招生650人(国家任务180人,委托代培470人);技工招生150人(国家任务50人,委托代培100人)。今年秋季招生后,在校学生将达到1 400多人;

——加强精神文明建设,营造融洽的人际环境,弘扬良好的校风。

为了实现上述目标,必须做好以下几方面的工作。

一、组织学习,统一认识。继续组织全体师生学习××××××的文件,认真领会文件精神,使全体师生在转变教育观念、转换办学机制等方面能达成比较一致的认识,从而推动学校改革的不断深化。

二、明确职责,规范管理,整肃纪律。首先,修订、印发《岗位职责》,使各部门、各岗位的同志明确自己的职责,并加强履职考核,完善全员聘任制;其次,汇编印发学校现行的各项规章制度,组织学习,落实按章办事,规范管理,整肃劳动纪律,提高办事效率。

三、继续调整专业设置,完善联合办学体制。要根据社会需求办学,按照社会发展的趋势,及时地调整专业设置。老专业要改造,主要是培养目标和课程设置的调整;新专业要完善,主要是在开设之后要做好跟踪调查工作,发现问题及时调整,使之不断完善;拟开专业要做好论证工作。在学生的专业安排方面,拟采取"先进挡后微调"的办法,即第一年定方向,第二年小调整。如第一年定会计专业,第二年确定进入工商会计或外贸会计等。联合办学的方式、管理办法等需要我们在实践中不断总结、完善。联合办学搞好了,办学规模就能扩大,这是学校求发展的重要途径。

四、更新教育观念,调整教学内容,改进教学方法。专业、课程虽有调整,但还是比较稳定的,教学内容则应随着社会改革的深入和科学技术的日新月异,必须随时注意,及时调整。要调整教学内容,就必须更新教育观念;调整教学内容之后,还应注意改进教学方法,只有这样才能促进教学质量的不断提高。

五、添置教学设备,加强管理,发挥效用。继建成教学用电子计算机网络之后,1994年拟拨出 5 万元建立营销实验室。要建立相应的管理制度,加强设备的管理。现有设备要充分利用,提高效益。

六、学生管理要进一步加强。现在学校的规模扩大了,层次增多了,情况复杂了,学生管理工作要研究新问题,拿出新办法,严格管理,以保证正常的教学秩序,树立良好的校风。

七、成人教育发展的思路要调整。随着企业管理体制的改革,成人教育的方式、对象也必须相应调整。

八、行政后勤工作要实实在在地确立起服务的观点,改进工作作风,提高办事效率,提高服务质量,以形成好的风气,产生高的服务效益。

九、加强校办产业的管理。从新的一年开始,将校办产业职工的工资完全纳入经营成本。要加强财产管理和财务管理,提高经营管理水平,提高经济效益。

十、进一步改革分配制度,提高教职工的福利待遇。推行新的奖金分配办法,纵向按职责大小拉开差距,横向落实向教师倾斜。自筹资金进行内部工资改革,以调动职工的工作积极性和主动性。

(二)

××××—××××学年度第一学期教务活动安排表

时间	活动内容	主持人	执行人	参加人
第1周	落实学期工作计划	×××	×××	教研组长
第2周	补考学生座谈会	×××	×××	补考学生
第4周	教研组工作研讨会	×××	×××	教研组长
第6周	青年教师座谈会	×××	×××	青年教师

续 表

时间	活动内容	主持人	执行人	参加人
第7周	实践性教学研讨会	×××	×××	全体教师
第8周	实践性教学研讨会	×××	×××	全体师生
第10周	市场意识渗透报告	×××	×××	全体学生
第11周	考试纪律教育	×××	×××	全体学生
第12周	期中总结、教案展评	×××	×××	全体教师
第13周	实验员业务比赛	×××	×××	全体实验员
第14周	新教师教学评估	×××	×××	评估组成员
第15周	修订教师考评办法	×××	×××	教务处成员教研组长
第16周	体育教改研讨会	×××	×××	体育组教师
第17周	毕业实习总结汇报会	×××	×××	各专业教师毕业班学生
第18周	教育经验交流会	×××	×××	全体教师

（三）

××幼儿师范学校××××年教育实习工作计划

为了全面贯彻党的教育方针,执行国家教委和省教委颁发的新教学方案,坚持理论联系实际,使学生在思想上、业务上得到锻炼,成为合格的幼师生,我校××届毕业生将从本学期第10周开始分赴各实习点进行为期5周的教育实习,具体计划如下：

一、组织领导

1. 教育实习活动由市教委领导、各实习点负责人及我校有关领导组成指导委员会,统一安排布置。本届教育实习指导委员会成员名单如下：

主任：×××、×××

副主任：×××、×××、×××、×××

委员：……

2. 请各实习学校根据情况成立实习领导小组,具体安排实习活动。

二、实习时间与地点

1. 实习时间

（1）第10周周一实习生进实习点；

（2）第10～14周进行教育、教学实习；

（3）第14周周末各实习点进行实习小组和实习个人实习小结；

（4）第15周周一实习生回校复课迎考。

2. 实习地点

（1）××、××、××三县,具体由我校与三县教委协商决定

(2)郊区实习学校为:××幼儿园、××幼儿园

(3)市区实习学校为:××幼儿园、××幼儿园

三、实习内容与要求(略)

四、实习成绩的评定和考核(略)

五、实习纪律和请假制度(略)

六、教育实习的总结、鉴定与评比(略)

七、实习生分配名单(见附表一)(略)

八、各实习点指导教师安排表(见附表二)(略)

一、本节范文属于何类计划?

二、本节范文中的计划在结构上有什么特点?

三、请写一篇本年度的学习计划。

第七节　总　　结

总结是单位或个人对一定时期内的实践进行回顾、分析、检查和评价的书面材料。它是对工作或实践后由感性认识上升到理性认识的一种本质概括,能够及时总结出经验教训,为下一步工作或今后的实践提供重要的借鉴。总结的种类也很多,基本上可与计划的种类相对应。但一般分为综合性总结和专题性总结两种。

总结在结构上,同样可分为标题、正文和结尾三大块。

1. 标题。综合性总结标题要写明总结的单位、时间、内容和文称,如《沈阳市语委1993年工作总结》;有的标题可以省写单位名称,如《教育实习工作总结》;或将"总结"二字换成其他写法,如《近十年来我市语文教学改革的回顾》。专题性总结的标题比较灵活,可以是公文式的、文章式的、正副题式的,也可将"总结"二字换写成"回顾""探索""小结"之类。如《开设选修课的一年回顾》《我们是怎样指导师范生实习的》《建设社会主义精神文明的尝试——关于"美的咨询"活动的小结》。

2. 正文。包括引言、主体和结尾。引言概略地陈述工作情况。主体应包含"基本情况""成绩缺点""经验教训""今后打算"四个方面的内容。"基本情况"包括时间、地点、任务、经过、结果及有关背景等,要写得简明扼要。"成绩缺点"既要摆事实,又要做概括,不可虚假空泛。"经验教训"应说出道理,显示规律,不可就事论事。"今后打算"应做出展望,但不可写成计划。

正文的四个方面可以全写,也可只写其中两三个方面,并且可分可合,形式多样。

3. 结尾。概括全文主要内容,并签署总结的单位名称和时间。单位总结一般在标题中写出名称,结尾可只写日期。个人总结一般都在文尾署名。

(一)

使爱国主义教育具体化[①]
民航管理局幼儿园

我们幼儿园有的家长长期在国外工作,有的飞国际航班,因此,有些孩子常爱在同伴面前炫耀:"我爸爸从××买来彩电啦。""我爸爸从××给我买回旱冰鞋、手风琴了。"幼儿的思维直观具体,常常把喜爱的物品、玩具与国家联系起来,加上受某些成人的影响,产生了模糊的认识,似乎外国的都比中国的好。为此,我们必须加强对幼儿进行爱祖国的教育。

为了使"祖国"这个概念具体化,开学初我们拟定了5个重点内容向幼儿进行教育,激发幼儿爱祖国的情感。这5个内容是:"我们的祖国真大""我们的祖国真美""我们的祖国真富饶""做一个中国人真光荣"和"我是祖国一朵花"。围绕这5个内容,本着由近及远、由浅入深的原则,制定了教育计划,通过各种教育手段,使"祖国"印在幼儿的心上。我们的做法是:

一、通过参观,让幼儿开阔眼界,丰富知识,激发爱祖国的情感

家乡是祖国的一部分,认识祖国就要从幼儿居住的地方开始。我园地处首都机场附近,所以我们把认识首都机场作为向幼儿进行爱国主义教育的第一课堂。

第一次,我们参观了机场的新候机楼。孩子们看到许多现代化设施,如自动开关门、自动电梯、自动天平、旅客桥、自动传送带、电视观测台、电子计算器,个个闪着惊喜的目光。老师告诉他们:这座现代化候机楼是我们中国的科学家、建筑师和工人自己设计建造的,外国朋友都称赞这是世界上第一流的候机楼。小朋友们兴奋地说:"咱们的科学家真聪明!工人叔叔真了不起!"

第二次,我们带孩子们站在3楼休息室的平台上,观看墙壁上用电子控制的世界地图。老师告诉小朋友,图上的红星表示北京,飞机从北京飞往祖国各地及世界各地,首都机场是祖国空中的大门,每天迎送着许多中外旅客,我们生活在这里多么幸福。有的小朋友说:"等我长大了,一定要增加更多的国际航线,让我们的飞机飞得更远。"我们又登上了高耸入云的塔台顶峰,整个机场映入孩子们的眼帘,老师指着旧候机楼向他们介绍了中国民航事业的发展:新中国成立前,这里是一片荒地,新中国成立后这里建起了机场和候机楼,由于祖国的发展,我们的朋友越来越多,1980年建起了这座新的候机楼,比旧楼大6倍,机场宿舍区的变化也很大。孩子们通过参观加深了对机场、对祖国的了解和热爱。

第三次,通过观察机场工作人员的劳动,培养孩子从小爱科学,树立为人民服务的好思想。

[①] 选自《学前教育》1985年第6、7期,有改动。

我们在停机坪观看机械师怎样对飞机严格检查,每一个螺钉都不放过;在机舱里看阿姨把机舱打扫得干干净净;武警站岗值班;飞行员面对纵横交错的仪表,熟练地操纵驾驶杆,他们还向小朋友讲了为保卫祖国安全,不顾个人安危,与劫机犯斗争的故事。孩子们知道了正是由于这些叔叔阿姨们的辛勤劳动,中国民航才获得了很高的声誉。不少外国朋友说:"乘坐中国飞机,我们最放心。"参观给孩子们留下了深刻的印象,有的说:"首都机场真大,真好,我爱首都机场。"有的说:"在机场工作要有知识有本领,我从现在起就要好好学习。"有的说:"我坐上747大飞机真不想下来,等我长大了要造更大的飞机。"小朋友还在一起谈了自己的爸爸妈妈在机场做什么工作,从而加深了对爸爸妈妈的了解和爱。

我们还带小朋友参观和瞻仰了天安门广场、人民大会堂、历史博物馆、毛主席纪念堂、人民英雄纪念碑等,使他们知道北京还有许多有名的建筑物,北京是我们的家乡,我们爱北京。

二、设立"爱祖国角",使幼儿了解我们的祖国

"爱祖国角"的内容根据教育重点设立专辑,定期更换。陈设物品直观形象,取放方便,孩子们很感兴趣。

比如,在"我们的祖国真大"专辑里,悬挂着中国地图,老师带他们寻找北京及每个小朋友的老家,有在湖南、江西、四川等地的,孩子们高兴极了,从地图中使他们懂得这些地方都是祖国的一部分。老师还准备了"全国版图拼图"让幼儿自己拼拆,了解祖国之大。

在"祖国山河美"专辑里,通过各种图片介绍中国古代建筑、现代建筑、秀丽的山等。

在"世界之最"专辑里,介绍造纸术、印刷术、火药、指南针是我国最早发明的,珠穆朗玛峰最高等。

为介绍我国是一个多民族的国家,我们制作了各民族娃娃,并准备了许多图片,让孩子将不同民族的图片贴在地图不同的位置。在"爱祖国角"内,我们搜集整理了20多本画册,其中有祖国的山河、祖国的桥、祖国的塔、珍贵动物、工艺美术等。孩子们也动手参加了收集整理工作,所以他们的兴趣很高,通过这一活动孩子们不但丰富了知识,开阔了眼界,还加深了对"祖国"这个概念的理解。

三、利用节日活动,向幼儿进行爱祖国的教育

随着形势发展,要不断增添新的教育内容,使孩子在各项活动中自然地受到教育。例如清明节前夕,我们请红军爷爷讲长征的故事。清明节,我们举行了给烈士扫墓的象征活动。在操场中央用积木搭成人民英雄纪念碑,孩子们制作的花环放在两旁,在《国际歌》声中老师带领孩子们向烈士们献上朵朵白花,表示要向英雄们学习。孩子们还参观了园里举办的英雄事迹展览。有的说:"黄继光叔叔用胸膛堵住了敌人的枪眼,光荣牺牲了。我要把花献给黄继光叔叔。"有的说:"献花时我想,我要是会编一首诗献给烈士们多好啊!"这些朴素的语言代表着幼儿热爱英雄的真挚情感。

"六一"国际儿童节,机场各单位给孩子们送来了礼品。我们对幼儿进行了"我是祖国一朵花"的教育,使他们知道新中国的儿童在各方面受到保护和关怀,生活在社会主义祖国是多么幸福。

为庆祝建国35周年,小朋友用积木搭成了天安门,并举行了庄严的升旗仪式和模拟游行。总之,节日活动是一种很好的教育手段。

四、寓"爱祖国"教育于各科教学与游戏活动之中

幼儿爱祖国的情感是在对社会生活、人的劳动和大自然的认识过程中逐渐丰富的,所以爱祖国的教育必须贯穿在幼儿的一切活动中。比如,在语言课上,通过与英雄人物通信,培养幼儿爱解放军的情感。有的说:"我从电视中看到叔叔炮轰侵略者,打了大胜仗,我真高兴。长大了我也要当一名光荣的解放军战士,保卫祖国。"有的说:"叔叔,你们打了胜仗,我请叔叔坐飞机来北京好好休息休息。"很快,我们就收到了英雄们的回信,信中生动地讲述了战斗中的故事。孩子们聚精会神地听着,一遍又一遍,英雄的事迹引起了孩子们的共鸣,英雄成为孩子们的榜样。

游戏是孩子们最喜欢的,游戏总是反映了孩子们对周围社会生活的态度。教师要寓教育于游戏之中,使孩子们轻松愉快地受到教育。比如,玩"旅游车"的游戏,老师当导游员,沿途介绍北京的重点建筑。为了丰富游戏的内容,我们还精心制作了一个长城沙盘模型;在起伏的山峦上,修建着雄伟的长城,山上放牧着牛羊,火车从山洞里穿行,山间有清澈的湖水,周围有绿油油的麦田。孩子们似乎真的来到长城脚下,模仿老师的样子当起导游员来,绘声绘色地讲解伟大的万里长城。

在以"首都机场"为主题的角色游戏中,我们制作机场模型。孩子们有当飞行员的,有当服务员的,他们热心地为"旅客"服务,全神贯注地扮演角色。游戏结束,我们还评选出关心同伴、热心负责的最佳服务员和优秀飞行员。

通过一年来的工作,幼儿对"祖国"有了初步的了解,萌发了爱祖国的情感,逐步形成了良好的行为习惯。他们懂得了要关心集体、关心他人、珍惜他人的劳动。在培养幼儿爱祖国的过程中,教师必须有极大的爱国热忱,并要与家长配合,共同当好"有心人",注意点点滴滴的工作。对幼儿的进步要肯定和表扬,让爱祖国的教育在幼儿心中开花结果。

(二)

我们对幼儿的科学启蒙①
×× 县 ×× 幼儿园

一、接受大自然的教益

几年来,我们以有计划有目的地组织和临时性组织相结合,使幼儿尽可能多地观察和感知各种自然和社会现象。有目的地组织,就是让幼儿观察四季气候变化,参观汽车站、大商店、图书馆、少年宫等,还带孩子们到公园、郊外田野中游玩,到处看一看,听一听,观察各种动植物生长状态和农事活动,启发他们从各种现象中比较四季的不同特征。临时性组织,就是碰到偶发的自然现象,如彩虹等,则不管在进行什么活动,都暂停下来,不失时机地教幼儿观赏。

---

① 选自《广东教育》1985年第3期,有改动。

幼儿在观察、参观中,会提出各种各样的疑问。我们注意针对幼儿特点,做好启发引导。如幼儿看到结构特别的邮电大楼防震设施,都纷纷提出疑问:"地震是什么样子?""防震设施有什么用处?"老师就及时讲地震的知识,有的幼儿感到害怕,有的感到奇异,有的则天真地提出:"我们想个法子,不让它震!"老师立即用鼓励的口气说:"好啊!科学家正在研究预防地震。你们的理想可大啦!老师等待着你们的好消息,看谁长大了有这么大的创造发明。"孩子们听了都你看我,我看你兴奋地笑了。

二、进行科普知识教育

首先是上好科学常识课。凡是教材中规定的常识内容,我们都借助教具和玩具,进行直观性教学,努力提高讲课效果,使幼儿反复感知和掌握知识。我们讲述磁铁的知识,准备一块磁铁、一块塑料垫板、几只粘有曲别针的玩具小羊、一簇簇青草,以及用硬纸制成的立体小屋模型。上课时,老师边讲故事边拿着磁铁,将小羊从屋子里吸到草地上"吃草",又再将小羊吸回屋子里。然后讲磁铁能吸铁的道理。接着又将一些大头针、铁钉及其他物品混杂在一起,让幼儿轮流用磁铁吸引,从中认识磁铁只能吸铁而不能吸其他物质的特性。又如讲"塑料制品",老师和幼儿一起用烧红的铁签将塑料桶钻孔,安上桶梁,从而让孩子们认识塑料遇热熔化的道理。还用不同颜色的液体互相渗透,观察所引起的变化,认识颜色。

其次是利用好课外活动。在课外活动中开展小实验、小操作,让幼儿在做做玩玩之中学到一些粗浅的科学知识和简单的科学道理,调动幼儿的更大兴趣。这些小实验有:声音的成因、水的三态变化、橡皮筋的弹性、金属的延展性、光的折射等。幼儿对各种声音怀有极大的好奇心,我们首先通过弹奏鼓、拔、琴等各种乐器,使乐声从无到有,从弱到强,让幼儿认听,接着又让幼儿自己拨动琴板的弦线发出声音,然后老师讲解声音是由物体振动所产生的道理。讲完后,很多幼儿都能举出例子说明声音的现象。

再次是办好自然角和小苗圃。我们让幼儿自己动手,饲养一些小动物并种植一些常见植物,进行较长期的系统观察,丰富科学知识。几年来我们在自然角中饲养过金鱼、蚕等动物,种植过葱、蒜、花生、地瓜、花草等,让幼儿在实践中辨认动植物的种类、名称、生长过程和生活习性。我们还在自然角中设置气象标记图表,组织幼儿逐日观察天气,然后分别用太阳、乌云、雨点等做标记,逐日在图上标明,不但加深了幼儿对天气情况的认识,还培养了他们观察自然的习惯,而且发展了幼儿的绘画能力。

通过科普知识教育,幼儿表现了极大的兴趣和强烈的求知欲,他们能用学到的简单知识解决碰到的疑问。讲了《蚂蚁搬家》的故事后,有些幼儿看到蚂蚁成群结队地急忙搬家,立即告诉老师说天气要变了。很多幼儿还把一些科学内容反映到其他作品中去。如在绘画中,有的画《到月球上去玩》、有的画《我和星星打电话》等,充分反映幼儿爱科学的兴趣和丰富的想象力、创造力。

最后是寓科学教育于游戏之中。如举行表演性游戏"飞向月球",先让幼儿齐唱"我爱科学"的儿歌,接着以"我怎样飞向月球"为题,引导幼儿开展表演性活动。幼儿按照自己的幻想,做出各种各样的象征性姿势,有的坐飞机,有的坐火箭,有的坐卫星。在游戏活动中,老师还给幼儿讲《阿童木》《小猕猴》等科学幻想故事和一些科学家的事迹,启发幼儿自小树立向科学家学习,学好科学的理想。我们还自制如机器人拼图、小电话等较能反映现代科学技术的玩具。还根据幼儿的生活实际和教材内容,编排和改编一些渗透科学知识的游戏项目。在智力游戏中,经常出一些反映简单科学知识的"想一想""猜一猜"题目,如"球掉进深深的树洞里怎么办?""汽车在平坦的路和崎岖的路上跑,哪样跑得快?"让幼儿思考,锻炼和培养他们的想象力、创造力和思维力。

(三)

我怎样引导幼儿编儿童诗[①]

一、引导幼儿发现美

大自然是美的。天上的白云,林中的鸟语,湖面的涟漪,淅淅的春雨……它们具有美的色彩,美的音响,美的形象。怎样发现美呢?我怀着一颗纯真的童心,用充满稚气的言语,向幼儿揭示绚丽多彩的生活。望着一轮红日,我赞叹道:"多像一朵会发光的大红花,开放在高高的山顶上。"面对被折断的小树,我同情地把它扶起:"小树,小树,你疼吗?"一群小鸟在湛蓝的天空中自由飞翔,我关切地问:"小鸟,你们为什么到处乱飞,是没有家吗?"生动形象的语言紧紧地和幼儿天真无邪的心灵结合在一起了,使他们对周围的事物感到亲切、可爱,学习编诗的欲望油然而生。他们看见花瓣上沾满晶莹的雨珠,边用小手绢拭去,边"教育"它们:"小花,你干吗哭?老师说过,勇敢的孩子是不哭的。"沐浴着阳光,在绿茵茵的草地上舒适地散步,他们会突然停住,弯下腰问:"小草,小草,我踩在你身上,你疼吗?"看到挂满彩灯的灯树,他们乐得直叫:"快看呀,树上结满了五颜六色的果子!"我惊喜地发现,那些非常平凡而不屑一顾的事物,终于有那么一天,在幼儿眼中活起来了,并放射出奇异的光彩。

二、引导幼儿欣赏诗

一首好的儿童诗,有着优美的语言、和谐的节拍和朗朗上口的韵律。为了使幼儿得到美的熏陶,为他们编儿童诗奠定基础,我有目的地指导幼儿欣赏儿童诗。如在幼儿兴致盎然地观察仙人掌的特征的时候,我念起了《仙人掌》这首儿童诗:仙人掌/住在沙漠里/沙漠水不多/只好伸出很多手/向四面八方说/给我水喝。幼儿边听边看,很快地找到了这首儿童诗美的所在。我问他们喜欢诗中哪几句,许多幼儿都说喜欢"只好伸出很多手/向四面八方说/给我水喝"。但这几句诗为什么美呢,我让幼儿再次观察仙人掌后问:"仙人掌没有手,为什么说它伸出很多手?"幼儿经过思考,逐渐弄清,诗人是把仙人掌想象成一个人。这样,仙人掌伸展开的块茎便成了伸出的很多手。使幼儿初步领略到丰富的想象是诗的美之所在,没有想象便没有诗。紧接着,我又让幼儿自由想象:"假如你们是小诗人,会怎么说?"这一来,他们可神气啦,一个个抢着回答:"仙人掌是大坏蛋,它伸出许多手,假装要跟我们握手,可等我们的手一伸过去,它就狠狠地刺一下。""仙人掌想叫我们小朋友跟它玩,怕我们看不见,就一下子长出很多手。"

[①] 选自《幼儿教育》1985年第6期,作者为赖薇,有改动。

又如在指导幼儿欣赏儿童诗《神笔》时,我用自豪的口吻朗诵:我有一支神笔/和童话中马良一样/不管谁缺少什么/都能给他帮忙……念到这儿,我突然停止,神秘地一笑:"你们猜猜,诗人会给谁画什么?"霎时,幼儿都活跃起来,有的说:"会画一张沙发椅给老师坐。"有的说:"会给大熊猫画一大片竹林。"还有的说:"会给女排阿姨画好多好多金牌。"我高兴地赞同:"是的,诗人和你们一样都想为别人做好事。你们听,诗人说:给老师画一张新办公桌/给小足球队画一个球场/给民警叔叔画一座凉篷/给妈妈画台机器洗衣裳/啊,我还要画好多眼睛/送给盲人叔叔和阿姨。"此刻,诗人善良纯洁的感情,犹如涓涓细流,滋润着幼儿的心田,使他们萌发出借助诗来寄托自己情感的愿望。

三、引导幼儿编诗

在幼儿初步懂得美之后,我们便可以引导他们创造美——编儿童诗了。由于幼儿想象的主题不稳定,想象往往没有预定的目的,这就决定了引导幼儿编儿童诗时,应帮助他们选所熟悉的主题,并从具体形象的描绘开始。

(一)从"像什么"开始

取事物的某一比喻为主题,即说出某一事物的诸个比喻后,选出其中的一个为主题编儿童诗。如我选定落叶,让幼儿想象"落叶像什么"。幼儿七嘴八舌地说"落叶像蝴蝶、纸片、树的衣裳……"我便选择其中之一,让他们编"落叶像蝴蝶"的儿童诗。这时,我提出了"落叶为什么像蝴蝶,像蝴蝶又怎样"等问题,让幼儿围绕这一主题展开想象。开始幼儿的语言极不简洁,像讲故事一样。有一幼儿是这样回答的:"树叶看见许多小朋友在操场上玩,心想:我要是从树上飞下来,就可以和小朋友一块玩了,那该多好呀!它想着想着,就睡着了。后来做了个梦,梦见自己变成一只美丽的花蝴蝶,真的从树上飞下来了,小朋友们都欢迎它。"怎样引导幼儿把这一小故事改为儿童诗呢?我根据故事的内容,拟出几个主要问题"小树叶在梦中变成了什么?它为什么想变成花蝴蝶?"请一个幼儿简洁、明了地回答,并引导他选取适当的词句。就这样,儿童诗《落叶》便诞生了:

飞呀,飞呀,
树叶飞下来了,
真像美丽的花蝴蝶。
哦,我知道了,
它想和我们小朋友一块儿玩。

取一事物的两三种比喻为主题。由于幼儿初步懂得编儿童诗的方法,在他们议论完"月亮像镰刀、小船、香蕉、指甲、摇篮、月饼、眼睛、气球、镜子……"之后,我便同时提出编讲"月亮像眼睛""月亮像月饼"和"月亮像香蕉"的儿童诗,让幼儿从中自由选择一种。这样能充分发挥幼儿的主动性,从而调动他们编儿童诗的积极性。下面是幼儿编的儿童诗《月亮》:

老师说:月牙像摇篮。
我说:月牙像指甲。
弟弟说:月牙像香蕉。

月牙听见了,

怕被弟弟吃掉,

赶紧变成一个大圆盘。

(二)从"像什么"过渡到"是什么"

从"像什么"过渡到"是什么"是幼儿想象的一个飞跃。怎样实现这一飞跃呢?我们可以提出"假如……你就……"的富有想象的问题。如"假如你是颗星星……你就……""假如你是一片彩霞……你就……""假如你会飞………",等等。接着,再以向往的口吻说:"如果这些都是真的,那该多好啊!"但是,由于幼儿常常以想象的过程为满足,因此,在进入这一阶段时,往往只说出自己的愿望,而忽视产生这种愿望的原因。每当这时我就多问几个"为什么",引导他们接着往下编。如一个小朋友编《糖》的儿童诗,只讲了两句:"我是一颗糖,含在妈妈嘴里。"当我问她为什么要含在妈妈嘴里时,她紧接着说:"让妈妈天天说——'啊,真甜哪!'"

幼儿编诗学会了讲"是什么"之后,他们编的诗更富有意义和儿童情趣了,请看幼儿编的这两首诗:

神笔

我是一支神笔,

要画两条很好很好的腿,

送给海迪阿姨,

让她和我们一块儿做游戏。

白鸽

我是一只白鸽,

天天飞呀飞,

替爸爸捎去——

妈妈厚厚的信。

只要爸爸妈妈高兴,

我还要天天飞呀飞!

思考练习

一、本文所选的总结,各属何类总结?

二、《使爱国主义教育具体化》一文中的第一、二段与下面四点"做法"在逻辑上是什么关系?四点"做法"之间又是什么关系?最后一段在全文结构中起何作用?

三、写总结要实事求是,客观地评价工作;要充分占用材料,做到观点与材料的统一;要抓住重点,总结出带有规律性的东西。本节所选的三篇总结是怎样体现这一写作要求的?

第八节 调查报告

调查报告是根据一定目的,对某一情况、问题、经验进行调查研究后写出的书面报告。它既可用作向领导机关汇报工作或提供决策的参考和依据,又可向有关部门反映情况或公开发表,以使人们提高认识并掌握规律。调查报告是一种使用面很广的应用文体。

调查报告的概念和特点

调查报告有不同的分类。按照内容的性质,可分为反映情况的,如《××学校学生负担情况调查》;介绍经验的,如《××学校是怎样做学生思想政治工作的》;揭露问题的,如《这里为什么留不住有能力的教师》。按照内容的范围不同,可分为综合性调查报告,如《××县教育事业发展状况调查》;专题性调查报告,如历史情况的调查和现实情况的调查,如《××学校历届毕业生工作情况跟踪调查》《××学校教师住房现状调查》。

调查报告虽无固定的写作格式,但结构上一般包括标题、前言、主体、结尾几大块。

1. 标题一般可有正副两题,正题揭示内容或主旨,副题点明范围对象与文体。只用一个标题的,可以采用公文式或普通文章式,写法比较灵活。

2. 前言应开宗明义地提示全文,包括概括介绍调查对象的基本情况、基本经验或主要问题,简要交代调查的时间、地点、目的、方法、经过、结果等。

3. 主体是文章的正文部分,主要写调查所得的具体材料和对这些材料的分析与结论。次序上,一般先叙述情况,后分析议论。布局上,可采用横式结构,即按事物的性质特点归类后,以序号或小标题分为几个部分并列成文;也可采用纵式结构,即按事物发生发展的过程去写。

4. 结尾或点明主旨,或得出结论,或展望远景,或提出希望,总之是要干净利落地结束全文。有的调查报告已在正文中把话说完,就无须单独写结尾部分。

(一)

北京市幼儿园品德教育情况调查①

调查目的 品德教育是全面发展教育的组成部分。为了解我市贯彻《幼儿园教育纲要》中品德教育要求的现状,为修订《北京市幼儿园思想品德教育大纲》做准备,我们于1984年10月至11月中旬对部分幼儿园做了调查。

调查对象、内容和方法 调查了20个不同类型的幼儿园。调查方法是测查、观察、座谈、

---

① 选自《学前教育》1985年第6期,有改动。原文作者季魁华、王蕴华、汪荃、马辉霞、张宝霞、刘嘉敏、王玲莉、李志清。

查阅资料。

一、测查360名幼儿。

用随机抽样法在被调查的幼儿园的三个年龄的班各抽6名幼儿(男女各半)。通过提问、小实验等方式测查幼儿的爱祖国、互助友爱、劳动等方面的认识、情感及表现。

如互助友爱教育测查中的第三题。1.情景设计。给被试者两块巧克力,再带过一个陪试。同测试者对话:"您还有糖吗?""我把糖都给××了,我没糖了。"2.指导语。可问。如不能主动让糖时问:"你有两块糖,他没有糖,你说怎么办?""你给他一块行吗?""你为什么要这样做?"又如劳动教育测查中的一题。1.要求小班幼儿穿脱衣服。2.指导语。可问:"你会把衣服脱下来吗?""你会穿衣服吗?"

爱国主义教育测查,主要通过提问测查幼儿爱父母、爱老师、爱小朋友、爱人民、爱祖国的认识、情感和表现。如"你家里有谁?""你帮爸爸妈妈做事吗?""你照顾小妹妹吗?"

二、座谈。

1.园领导介绍贯彻《纲要》中品德教育要求的做法、成绩和存在的问题。

2.在园内召开教师座谈会。

3.召开其他幼儿园部分教师座谈会。

三、阅览幼儿园工作计划、教育笔记、经验总结等。

调查结果与原因分析 这次调查给我们的突出印象是较1979年大有进步。幼教战线正在改革创新。幼儿园都较重视幼儿的品德教育。成绩是突出的,也存在问题。

一、幼儿品德表现。

1979年调查时幼儿所表现的积极向上、生动活泼、守纪律、有礼貌、有良好的文明卫生习惯等好的行为品德已巩固下来。

1.互助友爱教育测查结果。(1)园最高平均分4.31,最低平均分3.6。总平均分4.02。全五分的幼儿有11人,占调查总数的9.17%。各题总平均分在四分以上的有69.8%,表明70%的幼儿在互助友爱方面表现是好的。(2)性别、年龄、独生与非独生的差异与调查结果无显著关系。(3)一个农村幼儿园平均分最高。(4)幼儿都知道应该帮助别人。被问到"有个小弟弟生病了,你愿意帮助他吗?"时,100%的幼儿都表示愿意。但在情感和行动上表现不同。有的说:"把我这件毛坎肩给他穿,因为他还小,大孩子抵抗力强。"有的说:"我要不帮助他,他就病得更重了。"也有的提出:"生病的小弟弟在哪儿? 让我看看。"

2.劳动教育测查结果。(1)园最高平均分为4.6,最低3.17。总平均分3.97,全五分的幼儿有13人,占11%。(2)性别、年龄、独生与非独生无显著差异。(3)多数幼儿具有"爱劳动是好孩子"的观念。有的说:"我不喜欢懒孩子,他不帮妈妈做事。"有的说:"劳动光荣,工人干活是为国家,农民是为大家吃得好。"幼儿非常喜欢做值日生。有的向家长说:"快点走,今天我值日。"有的说:"××淘气,不能当值日生。"(4)幼儿不同程度地掌握了一些劳动技能。

3.情感教育测查结果。通过测查反映突出的是情感因素占很大比例。之所以产生情感是由于对方满足了幼儿身心的需要,越是年龄小越突出。他们喜欢父母和老师,在很大程度上是因为父母老师爱他们,照料他们,在物质上满足他们。幼儿喜欢小朋友是因为脾气相投。大班幼儿生理心理更发展了。如爱爸爸妈妈是因为"带我去公园"。爱老师是因为"教我们唱歌跳舞"。

4.幼儿品德存在的主要问题。娇气较严重。突出反映在挑食、任性、拔尖、不尊重人。(1)随着生活水平的提高,幼儿挑食已上升到不爱喝牛奶、不爱吃鸡蛋、不吃一般水果糖了。(2)有的幼儿任性,拔尖,好玩具、好图书自己要。(3)一个幼儿对爸爸说:"你这个老东西,这么晚来接我!给我买东西了吗?"家长嘿嘿一笑。有的幼儿当着家长的面踢老师、咬老师。还有部分幼儿生活自理能力差,也存在较严重的言行脱节现象。

5.教育工作中值得商榷的问题。测查中,抽到了平时淘气的幼儿,教师往往担心他表现不好,没有代表性。另一方面,幼儿喜欢的小朋友多是被老师表扬听话、守纪律的,从侧面反映了一些教师对"好孩子"标准的看法。这些"淘气"孩子在测查中往往表现很热情、慷慨、乐于助人。因此,怎样根据教育方针全面地看待幼儿,是一个需要解决的问题。

二、原因分析。

1.成绩的取得,首要原因是幼儿园加强了品德教育。近几年来,各级教育部门加强了全面发展教育的领导,继本市1979年印发《幼儿园思想品德大纲》后,教育部颁布了《幼儿园教育纲要》。幼儿园都有品德教育的计划和总结。幼儿园重视教师自身的言行规范。结合幼儿年龄特点,开展了丰富多彩的教育活动,如开展"做爸爸妈妈小帮手"活动,组织"抢救大熊猫"的捐献活动。同时,注意把品德教育贯穿在活动中,加强了个别教育,注意家长工作。和1979年相比,品德教育工作有了很大进步。

2.社会风气转变的影响。近年来,从中央到地方重视精神文明建设,开展五讲四美活动,不仅推动了幼儿园的品德教育工作,对幼儿家长的精神文明也是极大的促进。

3.存在问题的主要原因是不少家长娇惯溺爱孩子,家庭成人之间、家庭与幼儿园教育不一致。很多年轻家长不能以身作则,缺乏教育孩子的办法。另外,幼儿园和教育部门的工作还有待改进。

几点建议

一、继续加强幼儿品德教育工作,在实践中总结幼儿品德教育的经验。

任何人品德的形成都需要知、情、意、行统一,需较长的过程,这就构成了品德教育的复杂性。品德教育工作中需要研究的问题很多。如幼儿品德教育有了哪些经验,在实践中是怎样运用的,哪些还需要探索;幼儿品德教育大纲是否符合幼儿身心发展规律和"四化"的要求;怎样根据幼儿品德形成的规律对幼儿的知、情、意、行几方面施加有计划的影响;不同的品德形成各需从哪儿开端;知、情、意、行怎样统一;怎样对幼儿进行个别教育等,都需要通过教育实践来总结。

二、开展讨论,统一对培养目标的认识,端正教育思想。

开展"二十一世纪的人才需要什么素质、幼儿教育需要为它打什么基础"的讨论。《幼儿园教育纲要》规定了幼儿园品德教育的任务和内容。随着时代的发展,除应不断修改外,应不断赋予其内涵新的解释。

三、加强对幼儿家长的宣传教育工作,对幼儿实行一致教育,增强品德教育效果。

谁来做和怎样做家长工作?报刊多宣传,成人教育机构及有关部门多做年轻家长的工作是应该的。但是,幼儿园做家长工作最有条件。因为幼儿园最了解父母教育孩子的情况。调查中发现有些幼儿园把宣传教育家长的工作寄托在别的单位上,看不到自己的优势。幼儿园应把向家长宣传作为自己必须完成的任务,要采用多种方式方法做家长工作。建议有条件的幼儿园定期给家长讲课,向家长介绍教育孩子的经验,组织家长互相介绍经验(可通过组织家长委员会来做)。市、区教育部门可定期做这方面的工作。这样就能掀起宣传幼儿教育的热潮,取得事半功倍的效果。

 (二)

××的"议价生"现象①

【阅读提示】

　　这是一篇关于社会情况的调查报告。这类报告是对社会政治、经济、军事、文化教育等各个领域的情况做调查研究,或只对某一领域中足以影响社会局势或者关于某些群众生活的比较重大的问题做情况调查,做出正确的形势估计,为领导机关制定方针、政策提供资料和依据。向社会披露则是为了引起全社会的关注,让更多的人对这类社会现象做进一步的研究。

　　1988年初夏,××市郊一初中毕业女生因要两笔钱读"议价高中",遭到父亲斥责而自杀。×城舆论哗然,社会各界纷纷谴责招收"议价生"的做法。

　　议论余波未消。8月,××市教委、物价局、财政局联合发出红头文件,推广招收"议价生"的做法。

　　对比是如此鲜明,反差是那样强烈,"议价生"是改革中的怪胎,还是宠儿,社会舆论各执一端,议论纷纷。九月初,记者来到××采访。

"议价生"的缘起

"议价生"的诞生地,××省重点中学——××中学。

　　1985年,11位腰缠万元的农民走进了××中学,挣脱了贫穷的羁绊,带着迟来的财富,这些万元户把希望的视点投向下一代……他们要把子女送进在当地名声赫赫的××中学就读。

　　对××中学的领导来说,这样的事还是新娘子上花轿——第一遭。农民子弟上城里的中学,按规定是不许可的。可这几个农民刚刚为筹备中的××大学集了资,是支持教育的有功之臣。经征得教育局一位副局长同意,第一批"议价生"诞生了。

　　11个学生,每人交1 000元,一共是1.1万元。××中学全校学生一学期的学杂费才2.5万元,这11位"小财神",一下子就为财政拮据的学校带来了希望。

---

① 选自1989年9月15日《光明日报》,作者为叶辉、邓威,有改动。

但是,1.1万元带来的却是一场激烈的争议,有人还告到了市里。

市领导的态度是慎重的。经仔细研究后,他们审慎地拍板了:既然国家教育经费不足,既然富起来的群众有自愿出钱读书的要求,不妨试一试。

这一试可让××中学试出了甜头。从1985年开始,他们年年招收一定比例的"议价生",学校迄今共招收了150多人,收入40余万元。

万言不值一文和一言值万金

××中学曾经在四年中换了四任校长、五位书记,实在不是他们无能,而是因为他们"无钱"。

××中学现有学生1 600人,170位教工。1987年,国家拨款48万元,人头费就占去41万元,余下的7万元加上可供支配的学杂费等只有10万元,而这一年的实际支出却达22万元。

"能不超吗?物价涨得这么快。"该校书记谢××说:"做实验用的碘化钾、碘化钠原来500克18元左右,现涨到近百元;硝酸银原来100克只要18.5元,现在要129元,而教育经费却没增。这学期连最常用的三酸一碱也因缺资金未买来,学生实验课只好推迟。"

1987年,××中学想在原有一幢楼房上加一层,以扩大办公面积,需要1万元。校长找教委领导,教委领导找市长,5个市长找了个遍。可是,市里实在没有钱。教委领导万言游说,未得一文。校领导只好把目光转向个体户。

一位个体户说:"只要你说个行字,让我儿子入学,一万二万我都给!"在这些个体户面前,校长一个字值万金。

新的楼层很快盖起来了。

富起来后的希望

三年前,××县一个姓朱的个体户把一对儿女送进××八中读初中。那时八中还不敢收钱。"既然不收钱,那么你学校缺什么呢?""缺什么?缺的东西太多了。"校长沉吟着:"就说上音乐课吧,偌大一个中学,连一架钢琴也没有……""好,就钢琴吧。"于是,学校有了一架幽幽发光的钢琴,该校也第一次尝到了"议价生"的甜头。

对于这位朱姓个体户来说,他的最大愿望是让儿女读书。为了让两个儿女读书,他特地在××市买了一套房子,专门请来一位老人照顾孩子,老人的月薪近300元,做父亲的可谓用心良苦。今年,他的孩子初中毕业了,他要求校长继续让孩子读"议价高中"。校长问:"你花这么大代价想把孩子培养成什么人?"他回答,对孩子,他一不指望他们上大学,二不想要文凭,只是想让他们有能力继承他的事业。

而另一位个体户担心,女儿考不上高中,没事干,他只希望让她有个去处就行。

当然,更多的是想上大学。9月1日,在××中学自费生宿舍里,来自桥头纽扣市场的周××同学对记者说,他希望上大学,"人应该有才华,应该有更多的精神上的追求"。送儿子来读书的龙港小学教师陈××说,她爱人前些年辞职办厂,家里富了,他们希望儿子考大学,"我爱人当了20年的教师,还是民办的。儿子要是考上大学,农民、民办的帽子就摘了。"

关于"议价生"的议论

在"议价生"的发源地,人们对掏钱读书已不那么愤慨了,而在××试验区之外,"议价生"却仍然是人们议论的热点。

1988年,××省两家报纸曾就"议价生"问题展开了两次热烈的大讨论。年初那场讨论源于有人写了一篇赞扬"议价生"的文章发诸报端,后一次则是本文开头提到的一女生自杀所引起。

讨论中,一方认为,教育不能商品化,文凭、分数不是商品,决不能让学校企业化。

另一方认为,招收"议价生"可填补国家经费的不足,既然国家无力包揽教育,而群众有钱又乐于出钱读书,何乐而不为。

一方认为,招收"议价生"模糊了教育的根本目的,背离了学校的社会主义性质。

另一方认为,招收"议价生"正是为了更好地实现教育的目的。学校连正常的教育经费也不足,谈何多出人才、出好人才?

有人认为,"议价生"的核心是"钱为媒",是分数、文凭与金钱的交换,是"铜臭味对圣洁的殿堂"的污染。

有人则不以为然,"议价生"换取的是就学的机会,怕"铜臭味"污染是君子言义不言利的旧观念。

有人担心,招收"议价生"将会造成整个基础教育的混乱。

另一些人则担心,如果把以教养教的所有生财之道全堵死,教育面临的也许会是死路一条。

××一位教育人士对记者说,为什么可以有自费留学生,自费大学生,就不允许有自费高中生?

尽管人们对"议价生"议论纷纷,尽管一些部门对"议价生"的做法采取禁止、限制等措施,"议价生"现象还是在或明或暗地发展着,从城市到乡村,从高中到小学。有的是个人出钱,有的则由学生家长单位出钱。

经过几年的风风雨雨,××市政府会同各有关部门研究了"议价生"的利弊。最后认为,在××这个群众已富起来的地区,招收一定数量的"议价生",把群众的钱吸引到教育中来,是于国、于校、于个人都有利的事,决定推广。

××市教委等部门的文件规定,在完成国家招生计划的前提下,高中每班可招收4名议价生,但每班学生不得超过56人;同时对"议价生"的收费也做了规定,市区重点中学的"议价生"分数必须达到普通中学分数线。"议价生"由教委发给学号,没有学号不发给文凭。

据了解,××市今年招议价生的收入(包括各县)可达200万元。

××市教委主任说,在国家一时还拿不出更多的钱办教育、改善教师待遇时,教育要寻找出路,应允许各地根据当地情况寻找以教养教之道,不能搞大一统、一刀切。××的"议价生"已经搞了,如果这条路可行,也可为其他地区提供一个模式;如果这条路行不通,也可做其他地区的前车之鉴。

（三）

一个大学生是怎样堕落为小偷的

【阅读提示】

　　这是一篇揭露问题的调查报告。这类调查报告对社会生活中发生的一时难辨是非的问题或不良倾向进行调查研究，弄清问题的实质，披露事实真相，引起社会和有关部门的注意，以达到解决问题的目的。

　　这篇调查报告，按照事物发展的先后顺序，由过去到现在，披露了一个大学生堕落为小偷的事实经过，并着重总结了从这件事所引发的深刻教训。

　　最近，××大学抓住一个在图书馆、教室、食堂等处偷窃几十次的违法犯罪分子，此人叫刘××，19岁，原是××××年高中毕业生，以总分393分的成绩进入××大学数学系计算数学专业学习。在中学期间，他学习成绩优秀，未发现有偷盗行为。为什么他进入大学不久，就堕落为小偷呢？

　　刘××出生于工人家庭，在家是最小的孩子，又是唯一的男孩，父母非常宠爱。他聪明，但是非常自私，爱虚荣，见到好的文具、书籍，不管有没有用，他都要买，父母也总是满足他的要求。见到姐姐有好的东西，他也要硬占为己有。

　　××××年他踏进高中，对于"社会主义社会公民的基本道德标准是什么"都不明白。后来他由于学习成绩好被编入提高班。从此，他学习更努力，一心想考入大学，但目的却大有问题。别人考入大学是为了更好地为祖国四个现代化做贡献，而他却认为考上大学家里和个人都光荣，大学生到哪都吃香。在提高班里，教师辛勤地辅导学生学习科学文化知识，刘××在思想品德上的毛病被复习迎考的紧张"战斗"掩盖了。在数学竞赛中，他考了第十五名，区里选拔跳级考大学的考试，他考上第八名。从此，学校把他作为"尖子"培养，在考大学的最后一个月里，教师轮流辅导他掌握文化知识，但对他的思想教育仍没有引起重视。

　　考上大学以后，刘××没有认识到这是党的关怀，老师的培养，却自以为了不起，有本事，顿觉身价百倍。他把当工人的父母和姐姐都不放在眼里了。在学校里，他政治上不求上进，私心膨胀。起初学习还可以，不久心思就变了。有户新搬来的邻居，主人在国外工作，常带回来一些电视机、袖珍录音机等。他从羡慕到眼红，最后想不择手段弄钱，买到袖珍录音机。他想，用录音机可以学外语，学了外语可以出国，将来能过享乐的生活，不劳而获的思想苗头在他身上滋长起来。当年12月，刘××在饭菜票上弄虚作假，被当场识破，领导曾对他进行教育，他不但没有就此吸取教训，反而更恶劣地进行偷窃活动，他偷了学校40多只继电器，又在食堂把人家买好的饭菜连碗一起偷走。越偷，胆子越大。他见到图书馆里放着许多同学的书包，前后一共偷了30多个书包，其中书籍140余册，各种铅笔、钢笔、圆珠笔48支，还有收音机、计算尺、笔记本等。

刘××的违法犯罪行为激起了公愤,学校决定开除他的学籍,共青团组织决定开除他的团籍。公安部门已送他去劳动改造。

刘××从一个大学生堕落为小偷,是个深刻的教训。这件事告诉我们:青年一定要把坚定正确的政治方向放在第一位,在刻苦学习专业知识的同时,决不能放松世界观的改造,只有不断提高社会主义觉悟,树立全心全意为人民服务的思想和正确的学习目的,才能真正为祖国科学事业做贡献。

刘××的堕落也暴露了学校思想政治工作中的问题。刘××平时在宿舍里贪小便宜,行动鬼祟,不关心政治,学习成绩下降,这些迹象早已暴露。如果党团组织能抓住这些思想苗头,及时进行教育,他可能不至于堕落到这种地步。但这段时间,由于思想政治工作削弱,有人认为只要学生不反党反社会主义,政治思想教育就基本解决了,对那些违背无产阶级教育方针和培养目标的问题没有引起重视。所以,这件事给学校领导和老师也敲响了警钟,不能只看眼前浓厚的读书氛围,以为现在的思想政治工作已没有多少事可做。其实,思想教育仍然是一项经常性的工作。当前由于忽视思想政治工作,有些高校的少数学生存在不少思想问题。例如:对社会主义制度、对民主自由的不正确看法,资产阶级思想和生活方式的影响,不愿意打扫公共卫生,不肯参加植树节植树活动,把公共图书资料中某些章节剪下来据为己有。这些都是关系到培养什么样的接班人的大问题。青年学生正处于树立世界观的关键时期,学校对他们要严格要求。特别是对那些有发展前途的学生,更要关心他们的政治思想,这样才能培养好一大批热爱社会主义的又红又专的建设人才。

思考练习

一、本节所选的三篇调查报告,各属何种调查报告?

二、体会本节几篇调查报告的写法,说说它们在结构上的特点。

三、系统周密的调查,客观深入的研究,准确完善的表达,是写好调查报告的三个环节。因此,写作之前,要确定调查对象,拟定调查提纲,有目的地展开多种形式的调查,如开调查会、个别访问、实地考察、调阅档案等,在占有丰富而翔实材料的基础上认真地分析研究,从中找出规律性东西,再将观点材料统一而形成文章。根据上述介绍,你能否就以下题目进行调查并写出调查报告?

附参考题目:

1. 本校(本班)同学消费情况调查

2. 本校(本班)同学课外阅读情况调查

3. 本校(本班)同学业余爱好调查

4. 本校(本班)同学对各门学科的学习兴趣和学习成绩情况调查

5. 对在同学中引起强烈反响的现实生活中的问题的调查

第九节　规章制度

规章制度是国家机关、社会团体、企事业单位为了建立正常的工作、学习、劳动、生活秩序,依据法律、法令、政策而制定的具有法规性或指导性与约束力的应用文。它的使用范围极广,对各行各业的发展与公共秩序的维护,有着十分重要的作用。

规章制度是各种行政法规、章程、制度和公约的总称。其具体的类别、内容、作用等见表5.1。

表 5.1　规章制度

类别	文种	内容和作用	制发者	举例
行政法规	条例	对某一方面的行政工作作比较全面、系统的规定,是具有法律性质的文件	国家最高权力机关,最高行政机关(国务院各部门和地方人民政府制订的规章不得称"条例")	《中华人民共和国价格管理条例》《中华人民共和国电信条例》
	规定	对某一项行政工作作部分规定,是法律、政策、方针的具体化形式,处理问题的关键	国务院各部委、各级人民政府及所属机关	国家市场监督管理总局《市场监督管理行政处罚程序暂行规定》
	办法	对某一项行政工作作比较具体的规定,包括处理某些问题的具体方法、标准	国务院各部委、各级人民政府及所属机关	《广东省普及九年制义务教育实施办法》
	细则	为实施"条例""规定""办法"作详细、具体或补充的规定,对贯彻方针、政策起具体说明和指导的作用	国务院各部委、各级人民政府及所属机关	国家外汇管理局公布的《审批个人外汇申请施行细则》是贯彻《中华人民共和国外汇管理暂行条例》有关条款而制订的详细规定
章程	章程	政党或社会团体用以说明该组织的宗旨、性质、组织原则、机构设置、职责范围等的纲领性文件,具有准则性与约束性的作用	政党、社会团体	《中国共产主义青年团章程》《中国工会章程》

续表

类别	文种	内容和作用	制发者	举例
制度①	制度	有关单位和部门制订要求所属人员共同遵守的准则	机关团体、企事业单位及其部门	《财务管理制度》《安全生产管理制度》
	规则	有关部门为维护劳动纪律和公共利益而制定的要求大家遵守的条规	机关团体、企事业单位及其部门	《××图书馆借阅规则》
	规程	生产单位或科研机构，为了保证质量，使工作、试验、生产按程序进行而制订的一些具体规定	机关团体、企事业单位及其部门	《××型电子计算机操作规程》
	守则	机关团体、企事业单位要求其成员遵守的行为准则	机关团体、企事业单位及其部门	《全国职工守则》《机动车驾驶员文明守则》
	须知	有关单位、部门为了维护正常秩序、搞好某项具体活动、完成某项工作而制订的具有指导性、规定性的守则	有关单位、部门	《观众须知》《参加演讲辩论会须知》
公约	公约	人民群众或团体经协商决议而订出的共同遵守的准则，对参加协议者有约束力	人民群众、团体	《首都市民文明公约》《班级卫生公约》

制订规章制度，要遵循有关法令政策，不得越级、越权。应做到结构严谨、条理清楚，用词准确，文字简明。在写作的格式上，多采用条文表达，每条可再分列出款、项、目，款不冠数字，项和目冠数字。内容较多的规章制度，常需分章分节，内容较少的只需一条条写清楚即可。在结构的安排上，一般应由标题、正文、具名和日期三大块组成。

1. 标题有两种写法。一是"制发单位＋内容＋文种"，如《国务院关于风景名胜区管理暂行条例》。二是"内容＋文种"，如《电教设备借用制度》。若所订的规章制度是草案、试行之类的，应在题中或题下写明。

2. 正文内容多的分为总则、分则、附则。总则概述订立的目的、要求、原则、适用范围等，独立成段的总则常在段尾使用"特制订本××"等习惯用语。分则是规章制度的主要内容，应分别条款具体说明。附则交代施行的要求和注意事项，如解释权限、生效日期等，但并非所有的规章制度都有附则部分。

---

① 制度也作为规则、守则、规程、须知等的总称，可分两类：一类偏重于对工作的要求，如规则、规程、制度等；一类偏重于约束行为、规范道德，如守则等。

3. 具名和日期。标题部分已有此项内容者,文尾不再重复。由领导机关随文发送的,也不具名。

(一) 外商投资职业介绍机构设立管理暂行规定(2019修订)

(2001年10月9日劳动和社会保障部、国家工商行政管理总局令第14号公布 根据2015年4月30日《人力资源社会保障部关于修改部分规章的决定》第一次修订 根据2019年12月31日《人力资源社会保障部关于修改部分规章的决定》第二次修订)

第一条 为规范外商投资职业介绍机构的设立,保障求职者和用人单位的合法权益,根据有关法律、法规,制定本规定。

第二条 本规定所称外商投资职业介绍机构,是指全部或者部分由外国投资者投资,依照中国法律在中国境内经登记、许可设立的职业介绍机构。

第三条 劳动保障行政部门、外经贸行政部门和工商行政管理部门在各自职权范围内负责外商投资职业介绍机构的审批、登记、管理和监督检查工作。

设立外商投资职业介绍机构应当到企业住所地国家工商行政管理总局授权的地方工商行政管理局进行登记注册后,由县级以上人民政府劳动保障行政部门(以下简称县级以上劳动保障行政部门)批准。

外国企业常驻中国代表机构和在中国成立的外国商会不得在中国从事职业介绍服务。

第四条 外商投资职业介绍机构应当依法开展经营活动,其依法开展的经营活动受中国法律保护。

第五条 外商投资职业介绍机构可以从事下列业务:

(一)为中外求职者和用人单位、居民家庭提供职业介绍服务;

(二)提供职业指导、咨询服务;

(三)收集和发布劳动力市场信息;

(四)举办职业招聘洽谈会;

(五)根据国家有关规定从事互联网职业信息服务;

(六)经县级以上劳动保障行政部门核准的其他服务项目。

外商投资职业介绍机构介绍中国公民出境就业和外国企业常驻中国代表机构聘用中方雇员按照国家有关规定执行。

第六条 拟设立的外商投资职业介绍机构应当具有一定数量具备职业介绍资格的专职工作人员,有明确的业务范围、机构章程、管理制度,有与开展业务相适应的固定场所、办公设施。

第七条 设立外商投资职业介绍机构,应当依法到拟设立企业住所所在地国家工商行政管理总局授权的地方工商行政管理局申请登记注册,领取营业执照。

第八条 外商投资职业介绍机构应当到县级以上劳动保障行政部门提出申请,并提交下列材料:

(一)设立申请书;

(二)机构章程和管理制度草案;

(三)拟任专职工作人员的简历和职业资格证明;

(四)住所使用证明;

(五)拟任负责人的基本情况、身份证明;

(六)工商营业执照(副本);

(七)法律、法规规定的其他文件。

第九条　县级以上劳动保障行政部门应当在接到申请之日起20个工作日内审核完毕。批准同意的,发给职业介绍许可;不予批准的,应当通知申请者。

第十条　外商投资职业介绍机构设立分支机构,应当自工商登记办理完毕之日起15日内,书面报告劳动保障行政部门。

第十一条　外商投资职业介绍机构的管理适用《就业服务与就业管理规定》和外商投资企业的有关管理规定。

第十二条　香港特别行政区、澳门特别行政区投资者在内地以及台湾地区投资者在大陆投资设立职业介绍机构,参照本规定执行。法律法规另有规定的,依照其规定执行。

第十三条　本规定自2001年12月1日起施行。

(二)

××省第三产业协会章程

第一章　总则

第一条　××省第三产业协会(以下简称"协会")是全省第三产业单位自愿参加的、具有法人资格的社会团体。

第二条　协会宗旨:坚持四项基本原则和改革开放的总方针,调动全社会方方面面的力量,加快第三产业发展,为工农业生产服务,为方便人民生活服务,为发展外向型经济服务。

第三条　本协会挂靠省计委,并接受国家第三产业管理部门的业务指导。

第二章　任务

第四条　本协会的任务

1. 对发展全省第三产业的有关方针、政策进行调查研究,向政府提出建议;

2. 配合政府有关部门研究制定全省第三产业的规划布局、发展战略;

3. ……

4. ……

5. 开展协调服务……

6. 反映会员的合理要求……

第三章　会员

第五条　省直第三产业有关行业主管部门,各市第三产业协会,没成立协会的各市第三产业办公室和商业网点办公室,部分第三产业单位,经有关部门推荐,吸收为本会团体会员。

第六条　会员的权利和义务

1. 有选举权、被选举权;

2. 有对本协会工作提出批评和建议权;

3. 有优先参加本会活动,取得本会信息、资料和其他优惠权。

第四章　组织机构

第七条　本协会贯彻民主集中制原则。通过民主协商推选理事,组成理事会。由理事会选举常务理事、会长、副会长……

第八条　理事会每三年改选一次……

第九条　本协会每年召开一次全体理事会议……

第五章　经费

第十条　本协会的活动经费,自筹解决。

第六章　附则

第十一条　各市成立的第三产业协会,可参照本章程,制定具体章程。

第十二条　本章程由理事会通过后执行,解释权属于本协会常务理事会。

××省第三产业协会

××××年××月

（三）

××学校财产管理制度

为了保护学校财产,进一步提高教学质量,促进教育事业的发展,经过校行政办公会议认真讨论研究,特制订本制度。

第一章　固定资产

一、学校固定资产必须设置固定资产明细账,按使用单位或个人建立卡片,每学期核对一次,如有差错,要追究责任。

二、各部门或个人使用的固定资产,根据实际情况,由学校配备,个人不得任意取用。

三、所有固定资产要统一编号,落实到科室、人头,若有损坏或遗失,应按照统一规定的赔偿价格赔偿,如属自然损坏,应及时送交管理部门修理或调换。

四、凡调离学校的职工,应到总务科办清退还手续后,方能离校。

五、学校房舍、水电线路等,应定期检查、维修。

第二章　物料

一、必须严格执行物料出入库制度,入库时要认真验收,记入登记账（卡）;出库时,领用部门或个人应办清领取物料手续。

二、凡属工具设备等,须设领用人专卡登记本,以便人员变动时移交。

三、学校各部门需要办公用品,由部门专人统一领取。

四、凡由学校经费购置的物品,必须统一进库入账。总务科每年全面清点一次,如有差错,查明原因,报领导按有关规定处理。

本制度从公布之日起执行。

附:学校财物赔偿价格表(略)

××学校行政办公室(公章)
××××年××月××日

(四)

××××文明公约

为发扬共产主义精神,树立新的道德风尚,特制订本公约。

一、热爱祖国,热爱中国共产党,热爱社会主义制度,热爱本职工作。

二、文明礼貌,敬老爱幼,邻里和睦,不说脏话,不要态度。

三、讲究卫生,不随地吐痰,不乱扔脏物。

四、遵纪守法,维护公共秩序,不起哄,不打架,不赌博,不酗酒。

五、爱护公共财物、山水林木、文物古迹、珍禽益鸟,植树栽花,美化首都。

六、勤俭节约,婚丧简办,晚恋晚婚,计划生育。

七、开展健康的文体活动,抵制淫秽书画及录音、录像,反对资本主义思想腐蚀。

八、对待外国友人,热情友好,不卑不亢,落落大方。

本公约公布后,××××要共同遵守,互相监督,自觉执行。

××××年××月

思考练习

一、本节所选材料各属何类规章制度?它们分别体现了不同规章制度怎样的性质、作用?

二、体会规章制度的写法,为学校图书馆写一份"借阅须知"。

第十节 述职报告

学习提示

述职报告是个人或集体陈述一定任职期内工作的情况而形成的一种总结性的应用文体。述职报告一般由标题、称谓、正文、落款四部分组成。

1. 标题。常见的述职报告的标题的写法有三种。①只写《述职报告》。②姓名＋时限＋

事由＋文种名称。③用文章名的正题或正副标题结合起来写。

2. 称谓。写上呈送的部门、领导或写成"各位领导、同志"。

3. 正文。主要讲述在工作过程中的任务完成情况、工作业绩、工作方法、个人心得体会、经验教训、改进意见等内容。

4. 落款。写述职人的姓名、述职日期等内容。

（一）

述职报告

×× 市副市长　张××

我是今年四月在×××××会议上被任命为××市副市长的，分管公安、司法、安全、保密、民政、兵役、信访、老龄委和参事室等方面的工作，并负责联系残联工作。这些部门的工作基本上都是社会保障工作，具有十分重要的作用，肩负着实现社会的长期稳定，推动经济发展，为人民服务，为改革开放服务，为建设"高科技、大生产、大流通、大文化、现代化、国际化城市"服务的使命。

我做××市副市长工作时间不长，只有五个月，在市委、市政府的领导下，我主要是转换角色，熟悉情况，启动工作。

我原任省政府副秘书长，主要是协助省长工作，到××市做副市长，工作任务和方式有了很大变化。经过五个月的努力，初步实现了角色的转换。

一是由以参谋、协助为主向配合与决策相结合的方向转换。

二是由以面上工作为主向具体指挥和动手操作的方向转换。

三是由以分管工作为主向分管工作和全局工作相结合的方向转换。

为了尽快熟悉、了解情况和进入角色，我采取了三项措施。

一是深入实际，走访调查。到市里工作以后，对分管部门逐一进行了走访，并到十一个县、区和有关基层单位调查研究。对市公安局，不仅多次去市局党组、市局机关、直属单位、县区局（分局）熟悉情况，而且还查访了一些公安派出所，并与公安干警一起数次深入到追捕逃犯、围剿持枪杀人犯及火灾抢险的实战中，与广大公安干警共同作战，了解情况。

二是广泛召开座谈会，认真征求群众意见。五个月来，先后召开了公安、司法、民政、兵役、信访、残联等方面的群众座谈会，了解群众的意见和呼声。例如，为了把我市的老龄工作做得更好，使老龄工作尽快适应形势发展的需要，先后与老干部、老龄委、涉老部门和市政协等部门的同志进行了座谈，初步形成了改进我市老龄工作的想法。

三是广泛熟悉市情，努力做到"议大事，懂全局，管本行"。一方面广泛收集市情资料，了解我市情况；另一方面，主动向市里其他领导请教，掌握全面情况，增强了做好工作的信心和勇气，开始掌握了一些工作的主动权。

在这五个月的时间里，我重点抓了以下几项工作。

一抓深化改革。积极推动分管各项工作的改革深化和发展。例如：目前的公安工作与飞速发展的形势有许多不适应之处，特别是与改革开放的要求差距很大，为了解决这方面的问题，与办公厅的同志一道抓了以下几方面的工作：第一，组织公安局领导班子和市局机关认真学习有关领导关于改革的讲话，并邀请有关经济部门领导为公安干警作形势报告，提高对改革重要性的认识；第二，要求市公安局联系工作实际和现状，深入查找与改革开放不适应的方面，增强对改革紧迫性的认识；第三，与市公安局领导班子一起，共同研究我市公安改革思路和方案，进一步确立了"公安工作要为经济建设和改革开放服务"的指导思想，从加强队伍建设入手，以增强打击力度，提高战斗力为根本要求，引导全局上下，转变观念、转换工作方式，探索建设有时代特点的符合我市市情、适应改革开放和经济建设需要的公安工作新路子。同时，开始着手建立激励机制，改变公安队伍中能上不能下、干和不干、干好干差一个样的死气沉沉的状态，进行了干警岗位和职务聘任的试点等，初步取得了一些成效。全市已先后辞退了 32 名不称职的干警，集中培训了几百名干警，在全系统产生了很大震动，调动了广大干警做好公安工作的积极性；第四，结合征兵工作和转业安置工作遇到的新情况和新问题，与民政、军分区和办公厅等部门深入基层，反复研究，提出对征兵和安置工作进行改革的尝试，把贯彻《兵役法》《退伍义务兵安置条件》和竞争机制、市场机制结合起来，初步形成"征兵、跟踪、优抚、安置"一条龙的工作思路。

二抓社会稳定。主要是着手建立社会稳定机制。第一，加强社会治安综合治理，强化打击力度，改善社会治安秩序。任职五个月，召开四次增强打击力度的专门会议，提出了公安工作向增强打击力度倾斜的具体体现。组建了专职治安联防队，促进我市治安综合治理工作深入开展，遏制了刑事案件大幅度上升的势头。尤其在党的十四大召开期间，和有关部门的同志一道，对安全保卫工作进行实地考察，精心部署，圆满地完成了各项保卫工作任务。第二，重点解决群众来信来访，减少社会矛盾。特别是对十四大期间的信访工作，多次召开会议，直接部署，确保会议期间我市未发生严重事件。第三，加强社会管理。今年七八月间，我市"五桥三路"一齐上马，交通异常拥挤。为解决这一难题，组织公安、交通、城管等部门专门研究，采取了整顿交通、开辟新路、错期通行、加强调度等强化交通管理措施，并和同志们一起上线疏通、检查，使我市顺利度过了交通"困难期"。第四，加强社会服务工作，帮助群众解决实际困难。研究新形势下对五保户、困难户、烈军属和残疾人的具体政策，切实帮助他们解除后顾之忧。

三参与扩大开放的实际工作。为了推进我市的对外开放，根据组织上的安排，与有关部门一起先后出访日本和韩国，并积极争得外交部、国家民航局的支持，开辟了至韩国首尔、日本仙台的包机航线。

我到××工作时间尚短，对情况还不十分熟悉，工作开展也仅仅是个起步，我将按照党的十四大精神，虚心向同志们学习请教，在工作中不断努力实践，把自己锻炼成为一名合格的政府工作人员。

××××年××月××日

（二）

××××—××××学年上学期述职报告

院组织部：

在担任系副主任期间，我深知自己理论水平较低，思想素质不高，便在日常工作中注意政治理论学习。无论是学院举办的中层干部学习班，还是教师每周一次的政治学习，我都能认真自觉地参加，并注重理论联系实际，加强自己的思想理论修养……我总感到自己该做的事太多，做好的事情又太少，干起工作来，忘了休息，忘了疲劳。但由于自身素质较差，学习又不够努力，尤其是系统理论知识的学习还不够，有待今后努力。

对于现任系副主任工作，我一度产生过思想矛盾，觉得做这项工作得不偿失。每天忙于事务性工作，个人的进修学习、科研、教学都受到严重影响，而且，自己吃苦挨累不要紧，还不能很好照顾家人。看到同期来院工作的同志，人家的学历、科研成果……硕果累累，自己也逍遥自在。再看看自己，失去的太多了。在这样的思想影响下，我干起工作来总有一股怨气，很容易的事做起来也觉累得很。通过学习，在组织和同志们的热心帮助下，我端正了思想，树立了全心全意为人民服务的思想，克服了个人主义，决心踏踏实实地做好副主任工作，真正履行一名共产党员为人民服务、甘当人民的勤务员的义务。这其中，同志们诚恳的批评意见，使我的思想受到很大冲击。特别使我难忘的是纪委书记和党委组织部的同志找到我系班子成员，转达了组织对我们的信任和全系教职工的热情鼓励和殷切希望，使我很受鼓舞。这使我深深明白：一个人的价值不在于如何突出地表现"自我"，而在于为了他人，为了大众的利益奉献"自我"。我虽然水平不高，但我尽力为大家做工作，得到他人的承认，也就实现了自己的价值。思想端正了，工作热情更高了，再加上领导的信任，组织的关怀，同志们的支持和协作，使我系的工作得以顺利开展。

四个月来，与其他领导合作，主要抓了以下几方面工作。

1. 服从组织领导，认真完成领导安排的任务，建成了实验基地——葡萄园。

建葡萄园是一项难度很大的工作，不仅需要大量的人力、物力，而且需要一定的技术水平和力量。这对我们仅有教师十几人的小系来说，实在是很困难，但我们无条件地接受了任务。在建园过程中，全系师生付出了大量心血，花费了大量时间，终于建成了理想的葡萄园。不仅如此，我们还顾全大局，和其他部门通力合作，如总务处、学生处、院办、食堂有临时任务，我们都从大局着眼，认真地完成该部门安排的额外任务。

2. 重视思想政治工作，认真组织政治学习。

四个月来，我系能够始终如一地认真完成上级党组织安排的政治学习任务。我个人做到了按时参加，积极讨论，认真学习，并经常和同志们交流思想、交换意见。通过交流和接触，和同志们的关系密切了，同时也发现了同志们身上许多闪光点，使我在工作、学习上可以取他人之长，补自己之短。

3. 严格管理，使全系形成一个团结战斗的集体。

我系虽然是一个团结的整体,但也存在一些松散现象。要克服这种现象,就必须加强管理。针对以前考勤不够严格的问题,这学期,我和考勤员一起,认真抓好考勤工作,认真计算每位教师工作量,使出勤、纪律情况明显好转。八、九月有个别同志请事假,十月至今,除一名同志因病重去医院外,无人请假,更无人旷工。任课教师也绝无误课、迟到现象。为了充分调动全系教师参加集体活动的热情,我还在认真记录的同时,及时在全系同志面前通报各项活动参加人员情况,使全系同志参加活动更积极、主动了。

4. 努力抓好教学工作,提高教学质量。

为了抓好教学工作,提高教学质量,我主要做了以下几项工作。

(1)严格要求,认真检查。为严格管理,对所有任课教师,从备课到上课,从实验到考试都提出具体要求,并和各教研室主任一起定期检查任课教师教案,经常听课。

(2)进行公开课讲授和评比活动。本学期搞公开课十四节,要求本教研室的同志参加,并进行认真评估,肯定优点,指出不足,促进教学水平的提高。

(3)做好专业实习和教育实习工作。实习前做好认真、充分的准备工作,实习过程中认真组织,实习后及时总结,实习效果很好。

(4)严格考试制度,抓好期末考试的每个环节。在考试工作中,认真执行教务处有关规定,我坚持到各考场巡视、监督,发现舞弊,严肃处分。通过严格考试制度,督促学生平时刻苦学习,考前认真复习,促进教学质量的提高。

5. 配合辅导员,做好学生的思想教育工作。

我是主管学生工作的副主任,除了认真做好政治辅导员工作外,我还积极配合辅导员、班主任做学生工作。我经常抽时间到学生中去,了解他们、接近他们,帮助他们解决一些思想问题。通过经常接触,经常参加学生们的活动,和学生们的关系密切了,对他们的了解加深了。这样做起思想工作也就更加有的放矢了。

6. 以身作则,发挥党员的先锋模范作用。

系里工作很多、很杂,往往是我把工作分配给大家去做,但我注意自己拣重担挑,发挥共产党员的先锋模范作用。教育实习时,我常常一人负责两个实习点的带队工作,每天骑自行车往返于两个实习点间,其中辛苦自不待言。九月份到千山实习时,我早晨早早起床,和炊事员一起做饭。晚上把同学们都安排好了,再最后一个休息。在日常工作中,要求同志们做到的,我自己首先做到。一年来,正常上班时间,我没请过假,无特殊原因,也从不迟到。十月份,父亲患脑血栓,先后两次住院治疗,每天24小时都需要人护理。而这时系里又安排不开,领导少,无干事,实验系列缺编,我必须坚守岗位,只能和家人商量,休息日我去护理,没有因为私事耽误工作。

7. 对工作精益求精,认真负责。

全系工作中,比较重要的一项就是每周六的全系教师坐班日的工作安排。每次我都提前做好一周工作的详细安排,在周六大会上布置给大家,下一周及时总结。系里工作安排、进展情况,经费开支情况,我都向大家通报,增加透明度,让大家心里有数。同志们也都开诚布公,有什么意见、建议都在会上或个别当面提出,大大支持了我的工作。

一学期来,我在工作中还存在一些缺点和不足:

1. 在新形势下,自己的政治理论水平、工作能力远远不足,必须进一步学习。

2. 工作缺乏魄力,对该大胆去做的工作有时不够大胆,影响了工作进展。

3. 组织同志们学习政治理论时,没有做到真正有计划、有目的、有成效地解决理论和实践上存在的问题,不够深入。

今后努力的方向:

1. 加强马列主义、毛泽东思想基本理论学习,提高自己的政治觉悟和理论水平。

2. 进一步牢固树立全心全意为人民服务的宗旨,克服私心杂念,努力做好工作。

3. 把思想政治工作放在首位,努力做好教师和学生的思想政治工作,并切实解决师生思想中存在的问题。

以上是我的一学期述职报告,请领导审阅。

生物系×××
××××年××月××日

第十一节 决 定

决定是对重要事项或重大行动做出安排时使用的公文,带有指挥性、决策性、极强的约束性和行文的严肃性,因而具有法规性。按其内容和性质的不同,可以分为关于重要事项或重大行动的决定、奖惩性决定和任免决定三种。

公务文书

决定在写法上具有以下特点。

1. 采用完全性标题,即不采用省略事由或以文种为题的标题。这样做利于体现决定的严肃性。而且不需标注主送机关;若是会议通过的决定,则在题下注明何时、何会议通过。

2. 正文一般由"缘由""主体""结尾"三部分构成。原由部分写决定的理由、根据或目的。当决定的项目较多时,常在原由部分的末尾用"现决定如下""特做如下决定"等习惯用语领起下文。主体部分写决定的具体事项,内容复杂繁多时可以采用分条列款、分段落等方式表达。但一般说来,任免决定写明人事任免情况即可;重大事项或重大行动的决定则往往写明决定的事项,决定事项的性质,工作任务,开展工作的步骤、方法、措施等;表彰内容的要写明表彰对象、事迹、评价及表彰形式;惩处内容的要写明被惩处者的自然状况、主要错误事实、错误的性质、危害与处分意见。结尾部分常写号召、希望等内容,但不一定要单独写结尾。

（一）

全国人民代表大会常务委员会关于建立教师节的决定

（一九八五年一月二十日第六届全国人民代表大会常务委员会第九次会议通过）第六届全国人民代表大会常务委员会第九次会议同意国务院关于建立教师节的议案，决定九月十日为教师节。

（二）

××省××师范学校
关于××违反学校纪律的处分决定

××，女，现年17岁，为本校××级×班（艺术增招班）学生。该生入学以来，一直无视学校纪律，经常迟到、早退、上课喧哗，不完成作业，甚至旷课还有外宿不归。为此，班主任、学校领导及许多师生都曾长期对其进行耐心教育。但××拒不悔改，后在上学年受到严重警告处分。上学期期终考试期间，××再次公然作弊，并发展到咒骂监考人员，因此又受到记大过一次的处分。可是××还不接受教训和挽救，反而变本加厉地违反学校纪律。本学期开学至今，××已累计旷课××天、外宿×次。更为严重的是，××月××日，××公然引来校外人员在寝室酒宴歌舞，并谩骂、侮辱前往制止的学校保卫人员，造成了极为恶劣的影响。为维护校纪尊严，加强对其教育，经××月××日第×次校务办公会议通过，并报请上级主管部门批准，现决定给予××留校察看半年的处分。

本决定自公布之日起生效。

××省××师范学校（公章）
××××年××月××日

思考练习

一、本节例文中的决定属于何种决定？

二、结合学校实际，写一篇奖惩性决定。

第十二节　请　　示

请示是下级机关向上级机关请求指示、批准、帮助的请求性上行公文。它可以分为请求批示的请示、请求批转的请示、请求帮助的请示三种。

请示在写法上有以下几个特点。

1. 标题。请示的标题多省略发文单位名称，如《关于当前语言文字工作的请示》。但也可采用全称性标题，如《××省政府关于……的请示》。

2. 主送机关。请示只能标注一个主送机关。必须分呈时，也应根据请示内容只确定一个主送机关，而将其他上级机关作为抄送机关。

3. 正文。请示的正文由缘由、事项和结语三部分构成。写缘由要抓住主要问题讲清"为什么"，以便领导了解办这件事的必要性与迫切性，并据以做出批示。事项部分要写得明确、具体，让上级机关一目了然，明白需要"做什么"。结尾一般使用惯用的礼貌语，如"请予审批""当否，请批示""以上请示如无不妥，请批转各地执行"等。

4. 落款。注明发文单位及发文时间，并加盖印章。

由上文可见，写作请示应该注意四点：第一，一文一事，不能把几件事放在一起请示；第二，不能搞多头请示；第三，实事求是，理由充分，意见具体；第四，用语得当。

（一）

关于当前语言文字工作的请示

国务院：

根据我国新时期社会主义建设事业发展的需要，一九八五年党中央、国务院批准把中国文字改革委员会改名为国家语言文字工作委员会，一九八六年初又确定了新时期语言文字工作方针、政策和任务。几年来，我们在语言文字规范化、标准化方面做了一些工作，取得了一定成绩。但是，工作中也存在一些问题和困难……

语言文字工作关系到国家的统一、民族的团结、社会的进步和国际的交往，必须集中统一，不能各行其是。实现语言文字的规范化、标准化，是普及教育、提高文化水平、发展科学技术的一项基础工程，对我国改革开放和社会主义现代化建设具有重要意义。因此，当前必须采取有力措施，加强领导，继续贯彻执行新时期语言文字工作的方针、政策，纠正语言文字应用中的混乱现象，努力促进语言文字的规范化和标准化，使语言文字适应经济和社会发展的需要。现就当前工作中几个重要问题请示如下：

一、大力推广普通话,促进汉语规范化

推广规范的、全国通用的语言,是经济和社会发展的需要,是任何一个工业化国家所必须完成的社会历史任务。新中国成立以后,党和政府非常重视推广普通话,经过四十多年的努力,这项工作取得了很大成绩。但是,由于社会、历史的原因,全国通用的普通话现在还远未普及,显著的方言差异仍然妨碍不同地区人们的交际、社会信息的交换以及信息处理等新技术的应用。

推广普通话,促进汉语规范化,是我国新时期语言文字工作的首要任务,必须与各地区、各部门、各单位的业务工作结合进行……

推广普通话,学校是基础……

按照《中华人民共和国宪法》和《中华人民共和国民族区域自治法》的规定,少数民族地区也要重视推广普通话;在学校中应推行当地民族语言和汉语普通话的双语教学。少数民族地区推广普通话的具体要求和步骤由各地根据实际情况确定。

推广普通话是为了推动经济和社会发展,提高公民素质和工作效率;而不是禁止和消灭方言,也不妨碍各少数民族使用和发展本民族的语言。

二、加强社会用字管理,促进汉字规范化

《汉字简化方案》是由国务院正式公布的,在分批推行后又经国务院批准编制并公布了《简化字总表》。简化是汉字发展的总趋势……

近些年来,社会用字相当混乱,主要表现为滥用繁体字、乱用不规范的简化字。为了尽快实现社会用字的规范化、标准化,必须采取有力措施,加强管理。

(一)凡党政机关、部队、团体、学校和企事业单位的法规、政令、公文、布告、证书、印章、票证、牌匾、标语用字,出版物用字,影视屏幕用字,计算机用字,商品包装说明、广告、地名、路名、站名牌用字等各种面向社会公众的文字,都必须符合规范和标准。

(二)各类文化体育活动和各种会议,如运动会、文艺演出、展览会、纪念会、庆祝会、商品交易会、各种竞赛等用字,必须合乎规范和标准。

(三)已经被简化了的繁体字,要严格限制其使用范围,只能用于古籍整理出版、文物古迹、书法艺术方面。

(四)各级各类学校要加强语言文字规范化、标准化教育和语言文字基本功训练……

(五)各级政府部门,特别是国家语委、国家教委等要紧密配合,齐抓共管,抓好本部门、本系统的用字规范化工作,严格执行社会用字的有关规定。各级领导干部要带头使用规范汉字……

三、继续推行《汉语拼音方案》,扩大使用范围

《汉语拼音方案》是经过全国人民代表大会通过的法定方案,也是拼写中国人名、地名等专用名词的国际标准……

四、加强语言文字标准的研制,适应信息处理技术发展的需要,"八五"期间,我国的中文信

息资料交换和检索、生产管理、办公室事务自动化以及印刷排版现代化等必将提高到一个新的水平……

五、加强语言文字应用管理的立法工作

为了使语言文字工作纳入法制管理轨道,拟做如下几项工作:

(一)……

(二)……

(三)……

六、加强领导,做好语言文字工作

国家语言文字工作委员会是主管全国语言文字工作的行政职能部门(少数民族语言文字工作由国家民委管理),负责制订全国语言文字工作的近期和中长期规划,加强宏观管理和协调工作。

为推动语言文字的规范化、标准化,必须做好宣传工作,办好语言文字报刊,中央和地方的主要报刊、广播、影视等新闻媒介要大力配合,加强对新时期语言文字工作方针、政策的宣传,使语言文字规范意识日益深入人心。同时新闻媒介在正确使用祖国的语言文字方面应起示范作用。

以上请示如无不当,请批转各地和各有关部门贯彻执行。

国家语言文字工作委员会
××××年××月××日

(二)

××市××区交通分队
关于××路禁行 4 吨以上汽车的请示
×交[××××]第××号

××市公安局:

我区辖内主要马路××路路面狭窄(仅 6 米),近年来,马路两侧商店日渐增多,行人拥挤,往往占用马路行走,造成与自行车和汽车争道,以致交通经常堵塞,引发交通事故多起。为了保证附近单位及行人的安全,拟从 5 月 1 日起禁止 4 吨以上汽车在××路通行。上述车辆可绕道附近的××路行驶。如无不当,请予批准为盼。

(公章)
××××年××月××日

（三）

××省人民政府
关于增拨防汛抢险救灾用油的请示

国务院：

今年入汛以来我省气候异常,旱涝交错,灾害的突发性、阶段性十分明显。进入主汛期后,出现三次较大的降雨过程,使我省××、××、××等地区的十多个县发生了洪涝灾害。特别是进入8月份以后,×江连续发生两次大洪水,更加重了灾害程度(灾情统计待汇总核实后另报)。

近30多天,为战胜×江洪峰,确保沿江城镇铁路、油田和人民生命财产安全,××地区的××、××、××、××等县(市)以及××省驻军,每天出动12万多人、3万多台机动车辆,日夜抢修加固堤坝,运送抢险物资,现已耗用柴油3 700吨,汽油2 000吨。

据省防汛指挥部报告,×江洪水消退到安全水位要到九月下旬。目前抗洪抢险的重点,已由加高、加实、加固堤坝,转为在200多千米长的堤坝上防风浪,抢险段,以避免渗水滑坡。抗洪战线长,洪峰消退慢,抢险工程量大,恢复生产、重建家园和修复水毁工程的任务十分艰巨。为此,特请国家增拨抗洪抢险救灾用柴油5 000吨、汽油5 000吨。

请予审批。

××省人民政府
××××年××月××日

 思考练习

一、本节例文中的三篇请示各属何种请示？

二、请结合学校实际,写篇请求帮助的请示。

三、分析并修改下面这篇公文。

关于报送优秀中青年艺术表演人员名单的请示

省厅：

根据省厅×字［××××］×号文件精神,按照文化部制订的艺术专业职务评定标准,经与××协商,我局初步提出李××、张×、吴××、杨××、刘×、王××、赵××、俞××等同志晋升为二级演员(演奏员)。现将上述同志名单及《登记表》随文报你厅,请予审批。

××省××地区文化局
××××年××月××日

第十三节 报　　告

报告是下级机关向上级机关汇报工作、反映情况、提出意见或建议、答复上级机关询问的一种陈述性上行公文。根据报告的内容与作用,可以分为呈报性报告和呈转性报告两类,其中呈报性报告又可分为汇报工作的"工作报告"、反映情况的"情况报告"、答复上级询问或汇报执行上级指示结果的"答复报告"、报送文件及物品的"报送报告"等4种。

报告在格式上与请示类似,具体写法则略有不同。首先,标题的写法多采用省略式,如《关于××××的报告》。重大问题的报告也可采用完全性标题,如《铁道部关于193次旅客快车发生重大颠覆事故的报告》。其次,主送机关只能标注一个(与请示的写作要求相同)。再次,报告的正文也有"缘由""主体""结语"三个部分。原由部分简要说明行文目的,然后用"现将有关情况报告如下"等导入下文。主体根据报告的具体目的,或侧重写工作的内容、进程、措施、成绩、问题、打算;或着重写问题的表现、原因、危害性、解决办法;或写明工作中出现的新情况及其产生原因和发展趋势;或阐明有关情况及对此的处理意见等。主体内容较多,可以分段分条或列出小标题。结语也与请示相同,多以习惯用语作结,但写的应是"特此报告""以上报告,请审阅""以上报告如无不当,请批转各地遵照执行"之类。至于落款,与一般公文的落款相同。

由上可见,报告与请示在写法上有同有异。区别主要在于以下几点。①写作目的不同:报告一般不要求答复,请示要求答复;②写作时间不同:请示在事前,报告在事后;③内容结构不同:报告内容广泛、结构多样,请示内容单一、结构固定。

(一)

××省××石油供应站
关于解决油库长期遗留的山地及树木的归属问题的报告

××省石油公司:

我站于××××年××月新建油罐两个,扩建了油库,占用当地××村部分山坡地及该地树木。扩建后几年来库界未定,××村多次提出要求补偿被占用的山地及树木,但几经协商,均未能得到结果,以致发生纠纷,库区围墙被推倒10多米。最近,双方本着对国家财产和群众利益负责的精神进行协商,彼此谅解,终于达成协议,由我站给予××村山坡地及地上树木一次性补偿费××万元,并经双方划定界线,新建围墙为界,界内土地及树木永久归我站所有。我站应付的补偿费××万元拟在"保管费"中列支。现随文上报所订协议及库区界图,请核查备案。

附件:1.《××山地及树木归属协议》一份;
　　　2.《××石油供应站库区界图》一份。

(公章)

××××年××月××日

(二)

关于进一步加强我市森林防火工作的报告

市人民政府:

　　为认真贯彻落实《国务院批转林业部关于进一步加强森林防火工作报告的通知》(国发[××××]××号),切实做好我市森林防火工作,保护和发展森林资源,更好地为改革开放和经济建设服务,结合我市实际情况,就进一步加强森林防火工作提出以下几点意见。

　　一、进一步提高对森林防火工作重要性的认识。随着造林绿化事业的发展,森林面积逐年增加,森林防火任务越来越重,我们的思想和工作在某些方面还不适应形势发展,一旦发生森林火灾,不仅直接威胁人民生命财产安全,而且对改革开放和经济建设也将带来严重影响。因此,各级人民政府要把森林防火工作当成一件大事来抓,只能加强,不能削弱。要正确处理好经济建设同森林防火工作的关系,进一步认清森林防火工作的长期性、重要性和艰巨性,切实加强领导,坚持常抓不懈。

　　二、坚持实行森林防火工作行政领导负责制,健全组织指挥体系,强化监督职能。森林防火工作是各级人民政府的重要行政职能,要认真执行《中华人民共和国森林法》和《森林防火条例》有关规定,按照国务院和省、市政府提出的要求,进一步建立健全森林防火工作行政领导负责制,明确任务,落实责任,一级抓一级,切实做好森林火灾的预防和扑救工作。各级林业行政管理机构是各级人民政府负责森林防火工作的重要职能部门,林业部门和林区各单位都要在各级政府领导下,实行部门和单位领导负责制,在同级公安机关协助下,认真实施森林消防监督。多林地区各级政府,要继续加强森林防火指挥部的建设,做到组织健全,职责明确,对本辖区的森林防火工作实行统一指挥,切实担负起指挥部的重要职责。

　　三、加快森林防火基础设施建设,不断提高预防和控制森林火灾的综合能力……

　　四、依靠全社会力量,积极做好森林火灾的预防和扑救工作……

　　五、进一步加强森林消防队伍建设,提高森林火灾扑救水平……

　　六、建立健全森林防火工作网络,做到从上到下有专人负责。各级政府应建立森林防火工作制度,进入防火期要坚持二十四小时值班,要有领导带班,及时处理有关问题。各种通信设备坚持全天开机,保证通讯联络畅通。要认真执行森林火灾报告制度,发现火灾立即逐级上报,不得迟报、虚报、隐瞒不报。今后,森林火灾信息统由市护林防火指挥部办公室发布。

　　以上报告,如无不妥,请予批转。

××市林业局

××××年××月××日

一、本节例文中的两篇报告各属什么报告？

二、试代某中学校长拟写一篇工作报告。

三、下面这篇报告有问题，试作修改并简述修改理由。

关于申请拨给灾区贷款专项指标的报告

××省行：

××月××日，××地区遭受了一场历史上罕见的洪水袭击，×江两岸乡村同时遭遇洪水，灾情较重。经初步不完全统计，农田受灾总面积达 38 000 多亩，各种农作物损失达 100 多万元，农民个人损失也很大。灾后，我们立即深入灾区了解灾情，并发动干部群众积极开展生产自救。同时，为了帮助受灾农民及时恢复生产，我们采取了下列几项措施。

1. 对恢复生产所需的资金，以自筹为主。确有困难时，先从现有农贷指标中贷款支持。

2. 对受灾严重的困难户，优先适当贷款，先帮助他们解决生活问题。到××月××日止，此项贷款额已达××万元。

由于这次灾情过于严重，集体和个人损失都很大，短期内恢复生产有一定困难，仅靠正常农贷指标难以解决问题。为此，请省行下达专项救灾贷款指标××万元，以便支持灾区迅速恢复生产。

以上报告妥否，请批示。

××银行××市支行

××××年××月××日

第十四节　通　知

通知是一种使用广泛、使用频率很高的文种。它可以不受发文机关级别高低的限制，使用的单位、涉及的内容及范围都很广。加上它行文简便，写法灵活，因而使用频率也很高。通知的种类也多。在实际工作中，常见的可有批转转发性通知、发布性通知、指示性通知、告知性通知、会议性通知和

知识储备——
通知之认知

任免性通知等多种。

通知在写法上比较灵活。例如,就标题来说,批转转发性通知、发布性通知、指示性通知要求使用完全性标题,其他通知则不一定,会议通知甚至常常只写文种。就正文来说,发布性通知、告知性通知比较简洁;批转转发性通知也较为简短,但常需直接评价被批转、转发的文件或提出执行过程中的具体要求;会议性通知需写清与会议有关的必备要素,文字可多可少;指示性通知则需在简要交代发文缘由之外,详细写明指示的具体内容,阐明执行的具体方法和要求,因而文字最多、篇幅最长。

(一)

国务院批转国家税务总局
《工商税制改革实施方案》的通知

各省、自治区、直辖市人民政府,国务院各部委、各直属机构:

  国务院同意国家税务总局《工商税制改革实施方案》,现转发给你们,请认真贯彻执行。

  这次工商税制改革是新中国成立以来规模最大、范围最广泛、内容最深刻的一次税制改革,其目的是为了适应建立社会主义市场经济的需要。这次改革必须有力地促进我国社会主义经济持续、快速、健康发展。因此,各省、自治区、直辖市人民政府要高度重视,加强领导,切实抓好《工商税制改革实施方案》的组织实施。

  附件:《工商税制改革实施方案》(略)

国务院
××××年××月××日

(二)

××市语言文字工作委员会
转发省语委《关于开展我省校园用字情况检查评比工作的通知》的通知

各区、县语委,市属各中学、中专、中技、职业学校、师范学校:

  现将省语委《关于开展我省校园用字情况检查评比工作的通知》转发给你们,望认真研究、贯彻。推动文字规范化、标准化,是一件利在当代、功在千秋的大事,党和国家对此十分重视。各校要借这次检查评比的东风,对照省语委《通知》中的要求,切实把这项工作抓起来,并在以后成为常规。

  附:省语委《关于开展我省校园用字情况检查评比工作的通知》(略)

(公章)
××××年××月××日

（三）

××省教育委员会、××省人事厅
关于取得双专科毕业证书人员待遇有关问题的通知

各行署、市、县教委、人事局，各普通高校、成人高校，省直各单位：

为了适应我省经济、社会发展对复合型人才的需求，满足从业人员拓宽知识、专业领域的要求，根据《国务院办公厅转发国家教委关于进一步改革和发展成人高等教育的意见的通知》（国办发[19××]××号）、原国家教委《关于各类成人高等学校举办第二专业专科学历教育的实施意见》（教成[19××]××号），自19××年起，我省部分高校经批准举办了第二专业专科学历教育，招收国民教育系列大学专科以上学历的从业人员。19××年，省教委、省计委、原省人事局联合下发的《关于认真做好19××年各类成人高校招生工作的通知》（教高二字[19××]××号）中规定：第二专业专科学历教育"学生毕业后可享受本科待遇"。这项规定受到普遍欢迎。为了加强管理，便于实际操作，现就取得双专科毕业证书人员待遇的有关问题通知如下：

一、所取得的双专科毕业证书，必须是国民教育系列大学专科以上，两个不同专业的毕业证书。

二、凡取得双专科毕业证书的人员，在本省享受本科毕业生待遇。其定级工资标准按专科定级职务工资标准高一挡执行；在评聘专业技术职务及获取其他任职资格时与本科毕业生同等对待。

享受待遇的时间：19××年××月××日以前的毕业生，从19××年××月××日算起，以前的工资不予补发；19××年××月××日以后的毕业生，从取得第二专业专科毕业证书下个月算起。

三、符合享受待遇的人员，须经省教委对其两个专科毕业证书审核认定。对审核合格者，发给由省教委统一监制和验印的双专科毕业证明书。具体审核办法：

1. 省属和在×验印的部（委）属高校在办理第二专业专科毕业证书时，核收学员第一专业专科毕业证书，一并到省教委审核、办理双专科毕业证明书。

2. 在外省和部（委）属高校及参加自学考试学习第二专业专科的毕业生，以及19××年××月××日以前的毕业生，由本人持两个专科毕业证书到省教委审核、办理双专科毕业证明书。

四、取得省教委颁发的双专科毕业证明书者，由所在单位按本通知规定到人事部门落实相应待遇。

五、本规定仅适用于双专科毕业生。各有关单位和部门要严格按规定执行。对徇私舞弊者，一经查实将取消待遇，并追究有关人员责任。

××省教育委员会	××省人事厅
（签章）	（签章）
	××××年××月××日

下篇 应用文

 思考练习

一、本节例文中的通知各属哪一类通知?
二、体会例文中各类通知的特点,谈谈它们在写法上各有什么要求。
三、拟写一份会议性通知,注意体现会议要素。

第十五节 会议纪要

 **学习提示**

会议纪要是用来记载、传达会议情况和认定事项的公文。按其内容、作用不同,会议纪要可以分为决议性会议纪要与综合性会议纪要两类。决议性会议纪要将会议形成的决议、决定等一致性意见整理出来,下发给有关单位贯彻执行,具有很强的指示性。综合性会议纪要内容全面,目的在于传递信息,交流经验,具有告知性和引导性。

会议纪要

会议纪要由"标题""正文""落款"三部分组成。标题为"会议名称+文种"式,如《××座谈会纪要》。开头一般简介会议概况(指导思想、目的任务、时间、地点、会期、人数、主持人、程序、主要成果等)。主体则或以分段形式,紧扣中心议题,按照会议程序综述会议情况(适用于小型会议);或整理归类,以小标题或分部分的形式反映会议情况(适用于大中型工作会议、学术会议、专题会议);或摘取发言者的要点,以发言顺序或发言内容反映会议情况。结尾可对会议进行总结、评价,可以提出号召、希望,可对有关方面表示感谢。最后是落款,即写明发文单位及日期,或写明会议名称及日期。

全国学校体育卫生工作会议纪要

(××××年××月××日)

全国学校体育卫生工作会议于××××年××月××日至××日在××举行。会议根据××××精神,总结交流两年来开展学校体育卫生工作,贯彻体育卫生工作《暂行规定》,进行检查验收的情况和经验,对开创学校体育卫生工作的新局面和要抓好的几项关键性工作,进行了讨论。

(一)

会议认为,自××××年全国学校体育卫生工作经验交流会议以来,许多地方和学校贯彻××××精神,明确了教育质量应该德、智、体全面衡量,体育卫生工作是学校教育工作的重要组成部分。在总结经验的基础上,教育部和国家体委、卫生部分别制定了高等学校、中小学体育和卫生工作《暂行规定》,明确贯彻《暂行规定》是学校体育卫生工作的基本要求……

实践证明,《暂行规定》所体现的方向是正确的,工作是在前进发展的……

会议认为,学校体育卫生工作的发展还很不平衡。不少地方和学校对体育卫生工作还很不重视,学生的体质和健康存在不少问题。其原因……

会议对当前学生的体质与健康状况进行了分析和讨论。根据调查测试的一些材料看,在重视体育卫生工作的地方和学校,学生身体发育比较正常,体质有所增强,健康状况有所改善;在一部分学习环境、生活条件较差,或学习负担过重而又不重视体育卫生工作的地方和学校,学生的体质和健康状况还有不少问题……从部分省、市、自治区三年来高考招生的体检材料看,完全合格率下降,专业受限率上升。专业受限中,视力不良和身高、体重不够标准的居多……

(二)

会议就如何开创学校体育卫生工作新局面进行了初步探讨。专家认为,作为教育方针中三育之一的体育,必须采取措施认真抓好……

学校体育教育的根本任务是增强学生体质和提高健康水平……青少年正处于身心发展的时期,中小学阶段尤其重要,一定要给他们的体质和健康打下良好的基础。

1. 继续有计划、有步骤、分期分批抓好体育和卫生工作《暂行规定》的贯彻落实和检查验收工作。这是学校体育卫生工作的基本要求……

2. 掌握学生的体质、健康状况。这是做好体育卫生工作的重要基础,是衡量学校体育卫生工作效果和改进工作效果的依据,同时又是围绕增强体质,提高健康水平开展科学研究,提高体育师资和卫生人员科学水平的重要措施……

3. 进行体育课程设置和教材改革的研究和试点……

4. 抓好体育师资和卫生人员队伍的建设……

会议认为,必须采取强有力的组织措施,加强对体育卫生工作的领导。

会议恳切呼吁国家和地方各级党委、人民政府、有关部门和全社会,都来关心青少年一代的身体健康和全面发展,支持学校体育卫生工作。

 思考练习

一、本节例文属于何种会议纪要?

二、想一想本节例文可补些什么内容。

下篇　应用文

第十六节　海　　报

学习提示

海报又名招贴或"宣传画",是向公众报告或介绍有关电影、戏曲、杂技、体育、学术报告会等活动消息时所使用的宣传性应用文。海报通常张贴在较为醒目的地方,以告知有关活动的事项。有的海报还可以在广播电视上播出。

从内容上看,海报可以分为以下几类。

1.商业海报。商业海报是指宣传商品或商业服务的商业广告性海报,以宣传商品、获取经济效益为目的。商业海报的设计要恰当地配合商品的格调和受众的审美需求。

2.文化海报。文化海报是指各种社会文娱活动及各类展览的宣传海报,如文艺晚会、体育比赛、各种展览等。这类海报同电影海报大同小异,是一种吸引受众注意,进而使受众购票观赏的宣传性行为。文化海报的设计需要设计师了解活动的内容,运用恰当的方法表现其内容和风格,力争新颖别致、引人入胜。

3.公益海报。公益海报的主题包括各种社会公益、道德宣传及弘扬爱心奉献、共同进步的精神等。它以公益性活动为题材,具有特定的公众教育意义。

4.学术报告类海报。学术报告类海报是为举办一些学术性的活动而发布的海报。这类海报一般张贴在学校或相关单位。

5.影视海报。影剧院公布电影的名称、演出时间、地点及介绍相关内容时所用的海报为影视海报。此类海报以图为主,图文并茂,配以导演、主要演员、制片人姓名等基本文字信息,极富视觉表现力。有些设计精美的影视海报也是人们收藏的艺术品。

海报的结构与写法有以下几个要点。

1.标题。海报的标题可以是对活动内容的提示,也可直接用"海报"作为标题。大体有以下几种。①直接把文种名称作为标题,即在第一行中间写上"海报"字样。②直接把活动的内容作为标题,如"舞讯""影讯""球讯"等。③把一些描述性的文字作为标题,如"好消息""电视连续剧《×××》"等。

2.正文。海报的正文要求写清以下内容:①活动的目的和意义。②活动的主要项目、时间、地点等。③参加的具体方法及注意事项等。

正文中一定要交代清楚4个W:

What——海报的特征(何物);

Who——海报的诉求对象(何人);

When——活动实施的时间(何时);

Where——活动实施的地点(何地)。

143

3.落款。写明主办单位的名称及海报的发文日期。

以上是海报的一般写作要求,在实际应用时,有些内容可以省略。

(一)

海报

××杂技团演出

精彩杂技　　诙谐幽默

技彩新颖 滑稽搞笑 来去无踪 变幻莫测

演出时间:××月××日晚××时

演出地点:××××××

票价:××元、××元、××元

电话:×××××××××

(二)

好消息

××超市大降价,

水果蔬菜都半价。

买条香肠送白袜,

买满 10 元有奖刮,

刮中头奖送牙刷。

　　　　　　　　　　××超市

　　　　　　　　　　××月××日

(三)

海报

为丰富校园文化生活,增加同学们的社会实践经验,××学院特举办一次义卖会。

此处的义卖实际上特指促销,更直接地说,就是大家将来要学的营销。在这次义卖会中,同学们既可以充当消费者的角色,又可以充当销售者的角色。

如果现在的你已经心动,就赶快加入吧!相信你在这次义卖活动中会有所收获的!

心动不如行动,赶快报名吧!

时间:××月××日上午××点××分

地点:篮球场

　　　　　　　　　　××学院学生会

　　　　　　　　　　××月××日

下篇 应用文

（四）

学术讲座预告

主题：学术论文的写作方法

报告人：××教授

时间：××××年××月××日,下午××时

地点：××校区第××教室

主要内容：

××教授将结合他本人的写作及教学经验,从学术论文的特点、论文的构思与选题、论文课题的研究、论文的书写、论文的修改与投递等方面,阐述如何成功地撰写一篇优秀的学术论文。

欢迎全校师生踊跃参加。

中文系
××××年××月××日

一、简答题。

1. 什么叫海报？从内容上看,海报主要有哪些类型？

2. 海报的标题和正文应该怎么写？

二、根据下面的材料写海报。

1. ××职业技术学院学生会邀请了著名企业家金××来校做关于"创业历程"的报告,请代写一份宣传海报。

2. ××职业技术学院体育部要组织一场篮球比赛,发出球讯以邀观众观赛。

第十七节 倡 议 书

倡议书是公开提倡某种做法、倡导某项活动、鼓动别人响应的一种信函文书,是党政机关、社会团体、企事业单位和个人在日常工作、学习和生活中常用的一种应用文体。一封好的倡议书可以引起受众的强烈共鸣,写作者所提出的倡议也会得到热烈的响应。

倡议书一般由标题、称呼、正文、结尾、落款五部分组成。

1. 标题。倡议书的标题有两种形式：①由文种名称单独组成,即在第一行正中用较大的字体写"倡议书"三个字。②由倡议内容和文种名称共同组成。如"勤俭节约的倡议书"。

2. 称呼。称呼一般顶格写在第二行开头。倡议书的称呼可依据倡议的对象而选用适当

的称呼,如"××毕业班全体党员""全体二年级的同学们""北京××学院的团员们"等。有的倡议书受众面很广,可以写"亲爱的朋友们"。还有的倡议书可省略称谓。

3. 正文。一般在第三行开头空两格写正文。正文是倡议书的主体部分,这部分内容主要包括倡议目的和倡议事项。①倡议目的。倡议目的包括倡议的原因、背景等。只有交代清楚倡议活动的原因以及当时的各种背景,并申明发布倡议的目的,才能引起公众关注,公众才会理解和信服,才会自觉地采取行动,从而使倡议得到响应。②倡议事项。这是正文的重点部分。倡议的内容一定要具体化,开展怎样的活动、做哪些事情、具体要求是什么、其价值和意义都有哪些等,均需一一写明。倡议事项要写得具体、可行。倡议事项较少的,可以紧接着倡议目的写;倡议事项较多的,可分条列项写。

4. 结尾。另起一行,空两格写结尾,可概括地提出希望或表决心。一般不写表敬意和表祝颂的礼节性用语。

5. 落款。落款即在右下方写明倡议者的单位名称或个人的姓名。若是由几个单位共同倡议的,则谁牵头谁排在前面,然后逐行签写倡议单位名称。在署名下一行写上发出倡议的日期。

(一)

献爱心捐款倡议书

各位热心人:

当我们幸福地享受天伦之乐时,一个不幸的家庭却在紧急呼救!一个小生命正在泣血求助!

王×,女,10岁,××小区居民。20××年××月××日,对于这个充满活力的小女孩来讲,是个充满灾难的日子。上午十点多,王×在家认真复习功课,准备迎接即将到来的期末考试,却不幸被突发大火引燃贴身衣物,造成重度烧伤,现正在医院抢救。昂贵的医疗费用将一个原本幸福的家庭推向了深渊。

希望热心人士主动伸出援助之手,奉献大家的关爱之心,共同拯救一个年轻的生命,帮助王×早日康复!

生命垂危的王×及其家人感谢您的关心与捐助!

××小区居委会
20××年××月××日

(二)

"扬正气 树班风"倡议书

临近期末,为了让我们××班继续保持良好的班风,使每位同学在学习、生活上更加舒心,班委向大家提出如下倡议:

1. 平日在与老师、同学的交往中,常使用"你好""再见""谢谢"等礼貌用语,做有礼貌的学生。

　　2. 虚心接受老师的正确教导,有错就改;与老师有不同意见时,主动找老师平等交流,如实向家长反映自己在校的表现。

　　3. 尊敬师长。课前、课后起立行礼;进校、离校时,主动与老师打招呼;进办公室喊"报告",经允许后再进入。

　　4. 课堂上认真听讲,不玩手机、不睡觉、不随便讲话,认真记笔记,提高课堂效率,做到学有所获。

　　5. 全班同学互助友爱,维护好班级卫生,创建和谐班风。

　　××班的班级标语是:"让××班因我而精彩!"××班的同学们,让我们携起手来,让××班的未来更加灿烂!

××班委
20××年××月××日

（三）

倡议书

尊敬的各位老师,亲爱的同学们:

　　近日,教育部发布了《教育部关于做好××××工作的通知》(以下简称《通知》)。《通知》发布了6项规定,其中包括要厉行勤俭节约,创建节约型校园。艰苦朴素、勤俭节约是我们的传统美德。联合国也把每年的10月31日定为"世界勤俭日",提醒人们在新世纪仍然不要忘记艰苦朴素、勤俭节约。

　　随着人们物质生活水平的不断提高,铺张浪费的现象也越来越严重。这与人类社会的传统美德相违背。为了继承和发扬勤俭节约的好习惯,学院学工办向全校师生发出倡议:勤俭节约,从我做起。具体倡议如下:

　　1. 树立"崇尚节约、反对浪费"的理念,人人以勤俭节约为荣,以铺张浪费为耻。

　　2. 从我做起,从点滴做起,开展"勤俭不剩饭菜"活动。积极倡导文明用餐,减少粮食浪费,打饭量力而行,不浪费每一粒粮食,不提倡用一次性碗筷。

　　3. 不攀比吃穿,不过分追求时尚。旧衣只要干净、得体,同样能穿出气质,穿出潇洒。

　　4. 节约每一滴水。水龙头用后及时关闭,发现水管、水箱有滴漏水现象,要及时报告。节约每一度电,做到随手关灯,人走电器关。

　　5. 不吸烟,不喝酒,不上网吧。适度消费,合理支出,精打细算,每天节省一点点,养成理财好习惯。

　　节约是美德,更是责任。各位老师、同学,让我们一起从我做起,从现在做起,从点滴小事做起,崇尚节俭,合理消费。以建设"节约型校园"为目标,增强节约意识。改掉不良陋习,做到

"以勤养志、以俭养德"。让我们互相提醒,杜绝铺张浪费,营造人人把节约当成"举手之劳"的校园氛围。让我们大家都行动起来吧!同心协力,聚沙成塔。做勤俭节约风尚的传播者、示范者、实践者。让节约成为我们健康的生活态度和生活方式,让节约理念在我校蔚然成风,为建设节约型社会做出自己应有的贡献!

学工办

20××年××月××日

一、选择题。

1. 机械系女子排球队与艺术系女子排球队将举行一场女子排球友谊赛,校学生会体育部应该撰写一份(   )。

A.通知　　　　B.声明　　　　C.海报　　　　D.启事　　　　E.倡议书

2. 倡议书落款处应该先写(   )。

A.署名　　　　B.日期　　　　C.单位名称　　　　D.个人名称

二、当前很多人都是通过网络进行交流,很多人长期依赖手机,导致写错字、不会写字的现象比比皆是,这给汉字的使用与传播带来了一定的困难。为了使人们重视汉字的使用与传播,请你代表校记者团写一份倡议书。要求:300字左右。

三、母亲对儿女的爱数不清、道不完。为了提醒大家多关注自己的母亲,给母亲送上祝福,请你向全体同学发出倡议,倡议人们在母亲节这一天向自己的母亲表达感恩之情。要求:300字左右。

四、××职业技术学院学生会以问卷调查的形式对课堂陋习进行了调查。在随机调查的300名同学中,玩手机、聊天、随意出入、吃东西等被大家认为是课堂陋习。60%的同学承认自己在课堂上有陋习,其中52.7%的同学认为课堂陋习现象非常严重,而大多数同学在自己受到干扰时感到无可奈何,只能忍耐。请你代该院学生会草拟一份倡议书,向全体同学发出倡议:拒绝课堂陋习,争做文明学生。要求:300字以内。

第十八节　产品说明书

产品说明书,也叫商品说明书,是企业向消费者就产品的结构、性能、规格、用途、使用方法、维修保养等进行介绍说明的应用性文书。

产品说明书具有说明性、真实性、条理性和通俗性的特点。说明性,即说明、介绍产品的特点、性能、用途、使用及维修方法等,是产品说明书的主要功能和目的。真实性,即产品使用涉及千家万户,关系到广大消费者的切身利益,因此产品说明书必须客观、准确地反映产品的实际情况,绝不允许夸大其词,甚至以假冒伪劣产品来牟取个人经济利益。条理性,即因文化、地理、生活、环境等的不同,人们对产品说明书的内容存在着认识和理解上的差异,所以产品说明书在陈述产品的各种要素时,要有一个由浅入深、循序渐进的顺序。通俗性,即很多消费者没有专业知识,就有必要用通俗浅显的语言和大众喜闻乐见的形式,清楚明白地介绍产品,使消费者使用起来得心应手,对注意事项心中有数。

产品说明书的结构通常由标题、正文和附文三个部分构成。

1. 标题。产品说明书的标题,一般是由产品名称加上"说明书"三字构成,如《××颗粒说明书》。有些说明书的内容侧重介绍使用方法,称为使用说明书,如《吹风机使用说明书》《××使用说明书》。有些综合性说明或简短的说明也常直截了当地采用产品名称做标题,如《××牌汽车》《××银耳珍珠霜》等。

2. 正文。正文是产品说明书的主体部分,是介绍产品的特征、性能、使用方法、保养维护、注意事项等内容的核心所在。由于说明书说明的事物千差万别,不同说明书的内容侧重点也有所不同。

3. 附文。这是附在正文后面的一些内容,如生产企业或经销单位名称、地址、电话、电传、联系人和生产日期等。出口产品还要在外包装上写明生产日期和中外文对照。

××润喉片

[药品名称]

通用名称:××润喉片。

[成分]

……

[性状]

本品为淡红色的片;气芳香,味甜而辛凉。

[功能主治]

清音利咽、消肿止痛。用于咽喉肿痛,声音嘶哑,口舌生疮,急、慢性咽喉炎,急、慢性扁桃体炎,口腔溃疡,牙龈肿痛。

[规格]

每片重 0.6 克(含糖型,无蔗糖)。

[用法用量]

含服。每小时含化 2～4 片。

[不良反应]

尚不明确。

[禁忌]

尚不明确。

[注需事项]

1. 忌烟酒、辛辣食物。

2. 不宜在服药期间同时服用滋补性中药。

3. 糖尿病患者及有高血压、心脏病、肝病、肾病等慢性病者应在医师指导下服用。

4. 儿童、孕妇、哺乳期妇女、年老体弱、脾虚便溏者应在医师指导下服用。

5. 扁桃体有化脓或发热体温超过 38.5℃ 的患者应去医院就诊。

6. 服药 3 天症状无缓解,应去医院就诊。

7. 对本品过敏者禁用,过敏体质者慎用。

8. 本品性状发生改变时禁止使用。

9. 儿童必须在成人监护下使用。

10. 请将本品放在儿童不能接触的地方。

11. 如正在使用其他药品,使用本品前请咨询医师。

[药物相互作用]

如与其他药物同时使用可能会发生药物相互作用,详情请咨询医师或药师。

[药理作用]

1. 良好的抗菌作用。

2. 良好的清火、抗炎、消肿作用。

3. 良好的局部止痛作用。

4. 较强的抗病毒作用。

5. 提高机体免疫力。

6. 无毒副作用,服用安全。

[贮藏]

密封,避光。

[有效期]

36 个月。

[批准文号]

国药准字 Z××××××××。

[批准日期]

20××年××月××日。

[说明书修订日期]

20××年××月××日。

[生产企业]

企业名称:××××××××药业股份有限公司。

生产地址：××××××××大道××号。

一、产品说明书的特点和作用有哪些？

二、产品说明书主要由哪几部分组成？

三、下面是一篇说明书，但在内容、语言、格式等多方面均存在一些问题。请按语言规范使用要求以及产品说明书的写作要求对其进行修改。

热力牌电热杯说明书

我厂电热杯生产历史悠久，式样新颖，美现大方，质量优良，安全可靠，经济实惠，誉满全球，世界一流。该杯可煮沸各种食物，特别适用于热牛奶、烧开水、泡饭等。

1. 本电热杯电源电压一般为 220 V 交流，消耗电力 300 W。

2. 使用时首先插上电源插头，将电源线座一端插入杯子插座处，用完后先按掉插头，以免触电。

3. 电热杯容量 1 000 g，如果灌得太满煮沸时会益出杯外。

4. 煮沸饮料倒出后，杯中应加入少量冷水(因杯底余热较高)，否则会缩短杯子寿命。

5. 不能随意打开底中加热部件，以免损坏。

6. 自售出之日起，一年内如损坏，本厂负责退换，或免费修理。但不包括使用不当而损坏。

7. 本产品经中国家用电器工业标准化质量测试中心站鉴定合格。

编号：92-××-××-××

欢迎您提供宝贵意见。我们对提出好建议者实行抽奖。

我厂宗旨：质量第一、用户至上、销往全球、永久服务。

本厂地址：中国××市××路××号。

第十九节　个人简历

个人简历就是对一个人的生活、学习、工作经历有重点地加以概述的一种应用文书。个人简历和求职信同等重要，不能马虎了事。

个人简历在写作上讲求真实性、正面性和精炼性。真实性是指写简历时一定要客观、理性地总结自己的经历，做到真实、准确、不夸大、不缩小、不编造，这样才能取信于人。正面性是指简历的内容应当是正面性的材料。精炼性是指个人简历越精炼越好，一般情况下，一两页就足够了。

个人简历一般由7个部分组成,即标题、个人基本情况、应聘的职位和目标、学习经历、工作经历、所获得的各种奖励和荣誉、联系方式。

1. 标题。可以直接写"简历"二字,也可以在简历之前冠以姓名和称谓。

2. 个人基本情况。包括姓名、性别、出生年月日、出生地、民族、政治面貌、职务职称等。

3. 应聘的职位和目标。写清应聘的职位和目标,让用人单位一目了然。

4. 学习经历。介绍求职人的受教育情况,如毕业的学校、专业和时间。可按时间顺序来写自己的学习过程,以大学的学习经历为主。所学课程可以列上主要的、有特色的专业课及学习成绩。

5. 工作经历。这是最重要的内容。初出校门的大学生,其工作经历可以改为社会实践和实习经历,包括在学校及班级所担任的职务、勤工助学、课外活动、义务工作、参加各种团体组织、实习经历等。有工作经验的大学生,主要写参加工作之后各阶段的情况,要注意突出主要才能、贡献、成果以及学习、工作、生活中有典型意义的经历等。这部分内容要写得详细些,通过这些,用人单位可以考察求职者的团队精神、组织协调能力等。

6. 所获得的各种奖励和荣誉。包括在出版物上发表的论文、所获得的奖项和荣誉称号等,让用人单位更全面地了解求职者。

7. 联系方式。包括地址、邮编、手机号码、电子邮箱等。

总之,个人简历的写法不是千篇一律,形式也不止一种。采用哪种形式要因人而异,要突出个性、富有创意,向用人单位展示自己,以达到成功推销自己的目的。

(一)

×××简历

个人基本情况

姓名:×××	性别:女
民族:汉	出生日期:××××年××月××日
身高:××cm	籍贯:××
政治面貌:团员	所学专业:××
学历:专科	毕业院校:北京××职业学院
住址:××××××	电话:××××××××××
电子邮箱:××××××	微信号:××××××

求职意向

办公室文员

工作经历

2014年7月至2016年7月	××有限公司	前台客服
2012年6月至2014年6月	××培训学校	文员

所获奖励

2013 年 10 月　　　　××培训学校　　　　　优秀员工

2012 年 6 月　　　　 北京××职业学院　　　优秀学生干部

工作能力及特长

1. 具备良好的文字功底,能够根据工作需要处理各种日常文书,学习、动手能力强,能够高效率地完成工作。

2. 具备良好的身体素质,能服从安排完成各项工作。

3. 能熟练使用 Microsoft Office 办公软件;对计算机硬件非常了解。

外语水平

全国英语等级考试 B 级,可熟练进行日常沟通。

计算机水平

全国计算机等级考试二级。

(二)

××个人简历

姓名:××　　　　　　　　　　　　性别:男

出生年月:××××年××月××日　　户口所在地:××

毕业院校:贵州××大学　　　　　　专业类别:工艺美术类

毕业年份:2014 年　　　　　　　　 专业名称:影视动画

最高学历:本科　　　　　　　　　　电子邮件:××××××××××

联系电话:×××××××××××　　通讯地址:贵阳市××××路××号

求职意向

希望能从事影视后期制作、广告制作、动画制作、管理、销售等类型的工作

教育经历

2010—2014 年　　　　就读于贵州××大学影视动画专业

实习经历

在××电视台实习时,负责广告制作工作,直属领导评价良好

专业技能

擅长影视后期制作、广告制作、动画制作等

自我评价

为人老实、学习刻苦、不畏困难、奋勇拼搏是他人对我的一致评价。大学培养了我勤于思考的习惯和勇于创新的精神,让我拥有了积极乐观的生活态度与永不言败的精神。在大学期间,我在努力学习专业课程及相关知识的同时,还学习了市场营销学、管理学等其他学科知识。我抓住各种实践机会,社会实践培养了我团结协作、勇于拼搏的精神,为我今后的工作打下了

良好的基础。

一、填空题。

1. 个人简历一般由七个部分组成,即标题、_____、应聘的职位和目标、学习经历、_____、_____。

2. 要使招聘者在最短的时间内读到更多的信息,个人简历的篇幅最好_____。

二、写作设计题。

请每名同学结合自己的专业和兴趣,制作一份图文混排的个人简历,上交电子版,求职意向等内容可合理虚拟。

第二十节　论　　文

论文是高等院校的学生为了完成学业,综合运用所学基础理论、专业知识和技能,就某一领域的某一课题的研究(或设计)成果加以系统研究的,具有一定学术价值或应用价值的议论文体。论文一般可以分为课程论文、学年论文、毕业论文和学位论文。其中学位论文可以分为学士学位论文、硕士学位论文和博士学位论文。

论文的格式主要包括以下几部分(根据实际情况可省略部分内容):

1. 封面和目录。普通的学术论文可以不要封面,但正式的毕业论文应该有封面。封面上部用较大的字号居中写上论文标题,以下逐项分行写明作者的班级、作者姓名、指导教师姓名。封面下部居中写上完成日期。如果论文的结构比较复杂,划分为若干章节或列有若干小标题,还要加上目录。

2. 摘要。摘要是对论文内容的简短陈述,其作用是使读者不阅读论文的全文,就能获得必要的信息。摘要的内容应包含论文的主要信息,一般应说明研究目的、实验方法、结果和最终结论等。摘要以200～300字为宜,如有特殊需要,字数可以略多。摘要中一般不用图、表、化学结构式,以及非公知公用的符号和术语。论文的摘要一般置于论文题名和作者名之后、正文之前。

3. 关键词。关键词是能表示论文主要内容,或出现频率较高且具有比较关键意义的词语或术语,可以从论文标题中选取,也可以从论文内容中选取。一篇论文应选取3～5个关键词,另起一行,排在摘要的下方。

4. 正文。正文主要由以下几个部分组成。

(1)引论。引论要开门见山,突出重点,实事求是。引论的内容应以简短的篇幅说明论文选题的目的和意义、选题背景、国内外的研究进展、研究的内容及预期目标、讨论的问题、文章结构及指导思想、论证方法等。

（2）正论。正论是论文的核心部分，占主要篇幅。论文所展现的创造性成果或新的研究结果都将在这一部分得到充分反映。正论部分要做到观点和材料统一，内容具体，逻辑性强。引文则要注明出处，以便核查。正论常分为几部分写，可分别标示"一""二""三""四"等，可加小标题或以分论点的形式出现。

（3）结论。结论是对整个论文主要成果的总结，一般用"结语""小结""余论"等标示，也可不标示"结语"之类的词，在正论之后空一行直接写结论或总结。在结论中应明确指出本研究内容的创造性成果或创新理论（含新见解、新观点），对其应用前景、社会价值、经济价值等加以预测和评价，也可以提出进一步研究的建议。

5. 致谢。简述自己撰写论文的体会，并对指导老师以及有关人员表示感谢。致谢并非形式，也不是走过场，是一个大学生应有的修养。

6. 附录和参考文献。未尽事宜可将其列在附录中加以说明，如原始测定结果、分析报告、图表、测试报告单等。参考文献是论文中引用及参考的文献的目录表，论文引用及参考的的文献应以与论文（设计）直接有关的文献为主。凡引用本人或他人已公开或未公开发表文献中的学术思想、观点或研究方法、设计方案等，不论是借鉴、评论、综述，还是用作立论依据，都应编入参考文献目录。

××××旅行社品牌建设的问题及对策

学校：北京××学院

系别：旅游管理系

专业：旅游管理

班级：××班

学生姓名：×××

指导教师姓名：×××

论文完成日期：20××年××月××日

摘要：旅行社作为一种特殊的行业机构，进行品牌建设尤为重要。旅行社品牌不仅是旅行社的核心竞争力，也是旅行社经济发展的一个重要标志。旅行社品牌化更是旅行社发展的必然趋势。本文在对××××旅行社品牌现状进行分析的基础上，阐述了××××旅行社在发展过程中存在一线员工品牌意识不强、缺乏品牌规划等问题，并针对发现的问题提出一些解决的措施和建议。

关键词：××××旅行社；品牌建设；对策

引言

随着经济的发展,人们生活水平不断提高,旅游业迅猛发展,旅行社的数量和规模不断增长,使得旅行社作为旅游活动中连接服务供应商与旅游者的桥梁的作用日益明显,而越来越多的消费者在选择产品的时候也把产品的品牌作为购买的依据。在大批旅行社涌现的今天,旅行社之间的竞争不断加剧,众多的同类旅游产品摆在消费者面前以供选择。这时旅游品牌就能把同类产品区分开来,并在旅游者做出购买决策的时候发挥重要作用。有关品牌的定义有很多种,广告专家约翰·菲利普·琼斯对品牌的界定是:品牌,是只能为顾客提供其认为值得购买的功能利益及附加值的产品。旅行社的品牌不仅是一种商标,更是一种口碑,一种品位。品牌不光是产品的广告宣传,更是产品的文化精神和价值观念。××××旅行社一直以来就是以"品质是金"作为旅行社的经营理念,在建社初期已经具有了品牌意识,并一直以质量保证持续发展。但是在旅行社品牌建设发展的过程当中还是会遇到各种问题需要解决,下文将就此展开阐述。

一、××××旅行社品牌建设的现状

(一)品牌建设仍处于探索期

××××旅行社有限公司创建于1993年,是××市国内旅行社中设立最早的一家。××××旅行社发展至今,曾经一度是××市旅行社中的佼佼者。旅行社品牌的概念早在建社初期就已经明确,但是在20多年的发展历程中,除了尝试性地推出过几个比较有自己产品特色的旅游路线外,并没有在旅行社品牌建设上有很大的动作。××××旅行社在品牌建设上有过成功的经验,但是长期发展的品牌方向还没有很确定。旅游业的迅速发展也是影响××××旅行社品牌建设的一个重要因素,××××旅行社成立至今的时间段正是我国旅游业发展十分迅速的时期,所以××××旅行社品牌在建设发展中也处于探索阶段,没有跟上现代旅游业的发展步伐。

(二)品牌在市场上有一定影响力

20多年来,××××旅行社一直坚持"以诚信立社,以质量保社,以创新兴社,以规范出效益"的企业宗旨。1998年被国家旅游局评为全国百强国内旅行社,也是××市首家进入全国百强的国内旅行社。2001年,在中国9 000多家国内旅行社中首家通过ISO9001:2000质量体系认证。××××旅行社也多次被评为省、市优秀旅行社,消费者信得过的单位。2007年被××市旅游局评为"信誉等级5A级旅行社",2010年被××省旅游局评为××省四星级旅行社,同年被评为"××市旅行社规范化建设试点单位"。××××旅行社曾经推出的"爷爷奶奶逛北京""妈妈我要上北大""红色旅游年""轻松世博游"等主题的旅游都已成为知名旅游品牌。同时,20多年来基本上无旅游安全事故,近10年来无旅游服务质量投诉。作为××市比较有历史的旅行社,××××旅行社在××旅游市场上还是具有一定实力和知名度的。

......

二、××××旅行社品牌建设中存在的问题

(一)一线员工品牌意识不强

品牌的形成需要旅行社长期有意识地经营。在实践中,××××旅行社在从业人员进入企业工作后,就非常注重对员工品牌意识的培训。但从业人员素质参差不齐,特别是一线工作人员的品牌意识和品牌营销观念不强。虽然公司组织了上岗前的培训,但是效果并不明显,主要表现在两个方面:

第一,一线员工在培训时没能很好地吸收旅行社的品牌理念,进而导致其对旅行社品牌的理解不深,品牌意识不强。

第二,对员工进行培训的管理人员没能很好地进行培训效果跟进,误以为企业品牌已深入人心,只了解现象不了解本质,若能及时跟进了解真实情况,及时交流,则能更好地增强员工的品牌意识。

(二)旅行社缺乏品牌定位与规划

1. 品牌定位不明确

品牌定位的最终目的是使企业能以鲜明的个性和独特的企业形象在众多同行中脱颖而出,独树一帜,得到更多消费者的信赖。××××旅行社有品牌塑造的意识,但经营者对自己要打造什么样的品牌依然认识模糊,导致在制订旅游路线时发生混乱、旅游路线品牌随意命名、口号不鲜明等问题。××××旅行社品牌定位的不准确与旅行社现在的发展状况和规模有关,旅行社经营范围散,不够注重企业核心竞争力的培养,加上竞争激烈,旅行社难以做到产品专营,不能确立品牌的核心价值。××××旅行社现在的品牌定位就是"散且广",没有专注于适合自身特色的定位,虽然有品牌定位但定位不明确。

2. 旅行社品牌没有长远规划

××××旅行社曾经有过红极一时的知名旅游品牌,如"爷爷奶奶逛北京""妈妈我要上北大""红色旅游年"等。旅行社发展到现在,这些成功推出的品牌旅游产品都没有能经得住时间的考验,未能跟上现代旅游业迅猛发展的步伐,现在只能当作××××旅行社的历史来谈。××××品牌没有做到与时俱进。经营者有自己的品牌营销理念无可非议,但行与知没有达成一致,表现为一种"有品无牌"的形态。之前的旅游品牌只能代表过去,旅行社的品牌要发展壮大,还需要明确长远的发展规划。

(三)品牌促销力度不强

在旅游业竞争如此激烈的情况下,那种"酒香不怕巷子深"的经营模式已经不能适应市场的潮流,品牌促销显得尤为重要。××××旅行社在品牌促销方面还存在着不足。虽然拥有自己的旅游品牌,但是旅游品牌的广告宣传稍有欠缺,旅游品牌的形象宣传也没有做得很到位。如在××市一提到××××旅行社,大家都知道那是一个还可以的旅行社,但是具体好在哪就说不出来。所以,××××旅行社的品牌形象还需要提升,品牌促销的力度也应该加强。

……

三、××××旅行社品牌建设的对策

(一)强化一线员工品牌意识

在旅行社品牌的传播过程中,一线员工的品牌意识是非常重要的。拥有较强品牌意识的一线员工会在与游客面对面的交流中主动积极地向旅游者宣传旅行社的品牌形象,能将旅行社品牌形象在游客心中塑造起来。××××旅行社在强化一线员工品牌意识时可采取以下措施:

第一,旅行社管理人员应该了解一线员工工作能力和个性差异,采取人性化管理。对接受能力较强的一线员工进行重点培训;对接受能力相对较弱的一线员工进行以强带弱的一对一培训。

第二,旅行社管理人员要加强与一线员工的交流,适时进行多种形式的考核,如笔试、现场问答、模拟导游等,以便了解真实情况后适当增强一线员工的品牌意识。

(二)精心做好品牌规划

1. 明确品牌定位

众所周知,旅行社的品牌应该具有独特性,准确的定位也是品牌经营成功的前提。××××旅行社的品牌定位应该是在对旅行社自身情况充分认识之后,结合自身实际来选择有别于同行的、能反映自身形象的品牌定位。××××旅行社在××市有一定影响力,应该充分发挥自身的优势,响亮地打出自己的旅游品牌。对××市旅游市场做好调查,在确定了目标消费人群后,可针对其推出合适的旅游产品。××××旅行社在明确品牌定位时可采取以下方法:

第一,看清自身现状,确定目标消费人群。××××旅行社成立时间早于××市的其他旅行社,在老年游客中的知名度比较高,且老年旅游者闲暇时间充裕,由此可确定老年旅游者为目标消费者。

第二,推出合适的旅游产品。如"爷爷奶奶逛北京"等这样的旅游产品,既能从旅游者角度出发,又能发挥旅行社自身的现有优势。

2. 做好品牌长远规划

品牌需要长期经营,××××旅行社在2010年被××省旅游局评为××省四星级旅行社后,在旅行社服务流程的规范化方面下了很大的功夫,使得旅行社已经初步具有品牌发展的实力。但是就旅行社品牌的长远发展而言,要对旅行社进行全面的品牌规划,包括旅游产品开发、服务质量提升、旅行社员工品牌意识的深化培养等。如旅游产品"妈妈我要上北大"就是利用某一类人的心理和愿望,推出的特定时间的旅游产品,且有很强的针对性,即出游时间仅限于寒暑假和法定节假日、出游人必须是在校学生(建议凭学生证购买该旅游产品)、该旅游路线实属纯游团等。

(三)加大品牌促销力度

××××旅行社加大品牌促销力度的措施主要有以下几项。一是加大××××旅行社品牌的宣传。例如,在销量较好的报刊上刊登旅行社旅游产品的广告;在市区内的繁华地段设立宣传图文,可借助商场、店铺等建筑物挂拉旅行社品牌相关的宣传条幅,可利用繁华市区路段的路灯灯杆装饰进行旅行社品牌宣传;在各大高速公路及国道、省道的出入口处明示××××旅行社的名号;在像××风景区这样的景点出入口处投放免费赠阅的××××旅行社的品牌宣传单;利用公交车车身彩绘的形式进行流动式的旅行社品牌宣传;等等。二是以各种优惠政策刺激游客消费,宣传旅游品牌。如给参加"我要上××"线路的游客赠送××校园纪念版笔记本;在××校庆月份参加该线路的游客可以享受一定的折扣价;不定期地推出特价游路线以答谢新老游客;等等。

……

结语

总的来说,××××旅行社在品牌建设方面已经有一定的基础,只是在旅游业迅猛发展的严峻形势下,应该充分认识到旅行社自身品牌建设的重要性,并认真做好品牌建设的各方面工作。未来旅游业的竞争实质就是旅游品牌的竞争,优秀的旅游品牌有助于提高旅行社的竞争力,有利于扩大市场,扩大经营,也是××××旅行社茁壮发展的有力武器。

谢辞

感谢我的论文指导老师×××老师,正是在×老师的悉心教导和耐心帮助下,我的论文才得以顺利完成。×老师一丝不苟、认真严谨的治学风范和对学术的执着钻研精神深深地影响着我,促使我在论文写作过程中精益求精,×老师也是我学习的榜样。在此,我对×老师的帮助、支持和鼓励表示最衷心的感谢。我还要感谢学院的所有老师和同学,在大学期间对我的关心与帮助。

参考文献(略)

思考练习

一、毕业论文在格式上有哪些要求?

二、结合自己所学专业,选择一篇本专业的论文认真阅读,列出其结构提纲,并加以评论。

三、试确定一个自己感兴趣的课题,按照毕业论文的结构和写法,尝试写一篇简短的论文。

参 考 文 献

[1] 张辉,卿小平. 阅读与写作:第二册[M]. 北京:中国广播影视出版社,2016.
[2] 张辉,卿小平. 阅读与写作:第三册[M]. 北京:中国广播影视出版社,2016.
[3] 吕银才,许菊英,魏晓丹,等. 阅读文选:二年级[M]. 2版. 郑州:郑州大学出版社,2008.
[4] 郭新艳,张彰,韩玉卿,等. 阅读文选:一年级[M]. 2版. 郑州:郑州大学出版社,2008.
[5] 陆羽. 茶经[M]. 北京:中国工人出版社,2003.
[6] 布封. 自然史[M]. 陈筱卿,译. 南京:译林出版社,2013.